Christina Hollstein

Native Advertising

Mit Fingerspitzengefühl
zum digitalen Werbeerfolg

Hollstein, Christina: Native Advertising. Mit Fingerspitzengefühl zum digitalen Werbeerfolg, Hamburg, Bachelor + Master Publishing 2017
Originaltitel der Abschlussarbeit: Mit Fingerspitzengefühl zum Native-Advertising-Erfolg. Handlungsempfehlungen für Medienunternehmen im Umgang mit einer innovativen digitalen Werbeform

Buch-ISBN: 978-3-95993-045-1
PDF-eBook-ISBN: 978-3-95993-545-6
Druck/Herstellung: Bachelor + Master Publishing, Hamburg, 2017
Zugl. Hochschule für Musik und Theater Hamburg, Hamburg, Deutschland, Masterarbeit, 2016

Bibliografische Information der Deutschen Nationalbibliothek:
Die Deutsche Nationalbibliothek verzeichnet diese Publikation in der Deutschen Nationalbibliografie; detaillierte bibliografische Daten sind im Internet über http://dnb.d-nb.de abrufbar.

© Bachelor + Master Publishing, Imprint der Diplomica Verlag GmbH
Hermannstal 119k, 22119 Hamburg
http://www.bachelor-master-publishing.de, Hamburg 2017
Printed in Germany

Inhaltsverzeichnis

Glossar

Die Begriffe sind im folgenden Fließtext *kursiv* geschrieben.

Begriff	Bedeutung
Ad-Blocker	Auch Werbeblocker, Werbefilter. Ein Programm, das dafür sorgt, dass dem Betrachter unerwünschte digitale Werbung nicht gezeigt wird.
Ad Words	Wortspiel aus „adverts" (Anzeigen, Werbung) und „words" (Worte). Werbetreibende können mit Hilfe von Ad Words über Google Anzeigen schalten, die sich vor allem an den Suchergebnissen orientieren.
Advertorial	Werbeanzeigen im Layout von redaktionellen Artikeln. Der Begriff Advertorial setzt sich aus den beiden englischen Worten „Advertisement" (Werbung) und „Editorial" (Leitartikel) zusammen.
App (mobile)	Kurzform von Applikation/Anwendungssoftware für Mobilgeräte
Asset	Vermögenswert/das Vermögen
Bannerwerbung	Auch Display Advertising. Die Werbung wird dabei als Grafik- oder Animationsdatei in die Seite integriert. Beim Klick auf den Banner gelangt der Nutzer auf die (-> Website) des Werbenden.
Banner-Ad	Werbemittel innerhalb der (-> Bannerwerbung), es haben sich unterschiedliche Standardgrößen etabliert.
Banner-Blindness	Die Banner-Blindness oder auch Ad-Blindness bezeichnet das Phänomen, dass Nutzer Werbung in Form von Bannern bewusst oder unbewusst nicht mehr wahrnehmen.

Big Player	Großer Spieler, einer der größten im Markt
Blog	Abk. für Web Log, ein Blog ist eine Art elektronisches und chronologisches Tagebuch im Internet.
Blogger	Person, die den (-> Blog) mit Inhalten füllt
Booklet	Broschüre, Büchlein, meist zu einem Thema, hier zum Thema Anzeigenformate.
Brand Content	Markeninhalt. Inhalt erstellt von Markenvertretern oder über eine Marke.
Brand Hub	Marken-Netzwerk
Brand Page	Markenseite. In diesem Falle innerhalb einer Medienseite.
Brand Publisher	Die Marke als Veröffentlicher einer Nachricht. In diesem Falle innerhalb einer Medienseite.
Brand Story	Eine Geschichte, erstellt von oder über eine Marke.
Content	Inhalt einer Webseite
Content-Item	Inhalts-Element
Content-Management-System	Kurz: CMS. Inhalteverwaltungssystem. Software zur gemeinschaftlichen Erstellung, Bearbeitung und Organisation von Inhalten.
Content Marketing	Marketingtechnik, die sich durch das Verbreiten nutzwertiger Markeninhalte profiliert.
Content-Strategie	Eine Content-Strategie legt den professionellen Umgang mit digitalen Inhalten fest, um bestimmte Ziel zu erreichen.

Community	„Gemeinschaft" im Internet
Desktop	Benutzeroberfläche von (-> Softwareprodukten)/Betriebssystemen im PC-Bereich
Display Ad	Standardisiertes digitales Werbemittel (-> Bannerwerbung)
Display Advertising	(-> Bannerwerbung)
Earned Media	Eine Werbeform, die vom Nutzer unentgeltlich über die sozialen Medien verbreitet wird. Der (-> Publisher) „verdient" sich die Reichweite durch gute Inhalte.
E-Business	Electronic Business. Integrierte Ausführung aller automatisierbaren Geschäftsprozesse eines Unternehmens mit Hilfe von Informations- und Kommunikationstechnologie (IuK).
eBooklet	Elektronisches Booklet (-> Booklet)
Executive Director Digital Solutions	Leitender Angestellter im Bereich digitale Lösungen
Feedback	Rückmeldung/Rückinformation
Full Service	Rundum-Dienst
Hardware	„Harte Ware". Sammelbegriff für die mechanische und elektronische Ausrüstung eines datenverarbeitenden Systems.
Homepage	Hauptseite einer Webseite
Headline	Überschrift, auch Schlagzeile

Influencer Marketing

Influencer Marketing ist eine Marketing-Strategie, um vom Einfluss und von der Reichweite im Internet wichtiger Meinungsmacher und Multiplikatoren zu profitieren. Auf der Suche nach Aufmerksamkeit und Öffentlichkeit setzen Unternehmen auf die Zusammenarbeit mit wichtigen Multiplikatoren, früher waren das in erster Linie die traditionellen Medien. Heute sind darunter vor allem (-> Blogger) und (-> Social Media Influencer) zu verstehen.

Insider

Jemand, der Informationen besitzt, von denen die Allgemeinheit keine Kenntnis besitzt.

Interactive Advertising Bureau

Non-Profit-Organisation, die sich mit der Festlegung von Industrie-Standards für die Online-Werbeindustrie beschäftigt.

Kampagne

Zeitlich befristete Aktion mit einem definierten Ziel.

KPI

Key Performance Indikator. Leistungskennzahlen in der Betriebswirtschaftslehre, die den Fortschritt oder Erfüllungsgrad hinsichtlich Zielerfüllung oder Erfolgsbestimmung innerhalb einer Organisation beschreiben.

Kundenchannel

Kundenkanal. Hier der Raum, der dem Kunden innerhalb der Medienseite für die native Präsentation eingeräumt wird.

Landingpage

Lande-Seite, Einsprungseite. Ein Webdokument, das speziell für eine Werbekampagne erstellt wird. Die Besonderheit solcher Einsprungseiten besteht darin, dass die Seiten inhaltlich und optisch die Botschaft einer Werbekampagne widerspiegeln.

Media Sales

Verkaufsbereich der Anzeigenabteilung

Mobile (Business)

Mobile Business kann als Teilbereich des E-Business verstanden werden, in dem Information, Kommunikation, Interaktion und Transaktion über mobile Endgeräte und entsprechende Netze stattfinden.

Mobile Device	Mobiles Endgerät. Tragbare Kommunikations-geräte, die ortsungebunden zur Sprach- und Datenkommunikation eingesetzt werden können, z. B. Mobiltelefone, (-> Smartphones), Netbooks, Notebooks oder (-> Tablets).
Multiple Brand Booklet	(-> Booklet) mit einem Markenthema, das gleichzeitig auf mehreren Medienseiten ausgespielt wird.
Native Box	In die Webseite integrierter Informations-kasten mit Angaben zur beworbenen Marke.
Native Social Network Advertising	Kombination aus „Social Network" und „Native Advertising". Beschreibt den Einsatz nativer Werbung innerhalb von sozialen Netzwerken wie Facebook, Instagram oder Twitter.
Navigationsleiste/-punkt	Zentrales Element einer Webseite, welche es dem Betrachter ermöglicht, eine Übersicht über die Struktur des Webauftrittes zu erhalten. Der Navigationspunkt auf der Navigationsleiste ist eines von mehreren anzusteuernden Elementen.
Nativ/Nativität	Angeboren, natürlich
Native Ad	Bisher nicht standardisiertes Werbemittel (-> Native Advertising)
Native Advertising	Werbung, die sich an das Design der Plattform und an das erwartete Nutzerlebnis des Nutzers der jeweiligen Seite anpasst.
Native Monetization	Native Monetarisierung. (-> Native) Monetarisierung beschreibt den Prozess, durch den aus einem Produkt ein finanzieller Nutzen gewonnen wird.
Native Touchpoints	Native Berührungspunkte. Touchpoints sind Plätze, Räume oder Zeitpunkte, an denen Personen mit Produkten, Unternehmen oder Marken in Berührung kommen.

Onlineshop	Ein virtuelles Geschäft, in dem Kunden, Ihre Waren übers Internet einkaufen können.
Online Publisher Association	Vereinigung der Online-Medienschaffenden. Eine Körperschaft, die Medienschaffende im Internet vertritt, die für Qualitätsinhalte stehen wollen.
Paid Content	Bezahlinhalte. Der kostenpflichtige elektronische Vertrieb und Handel mit digitalen Inhalten (Content) in rein digitalen Medien.
Paid Search	Bezahlte Suche. Paid Search ist die Anzeige von Werbebannern im oberen Bereich der Ergebnisliste einer Suchmaschine.
Persuasion	Überredung. Eine Form der zwischenmenschlichen Kommunikation, die auf das Beeinflussen des Kommunikationspartners zielt.
Podcast	Kofferwort aus „Broadcasting" und „IPod". Bezeichnet das Anbieten abonnierbarer Mediendateien über das Internet.
Print	Steht für ein Printmedium oder die Printmedien als Branche
Promoted Tweet	Als Tweet wird eine Nachricht oder Statusmeldung bezeichnet, welche mittels des sozialen Netzwerkes Twitter gesendet wurde. Promoted Tweets sind normale Tweets, für die Werbekunden zahlen, um sie für eine große Anzahl von Nutzern hervorzuheben. Sie werden mit dem Wort „gesponsert" gekennzeichnet. Ansonsten verhalten Promoted Tweets sich wie normale Tweets. Sie können, wie jeder andere Tweet auch, favorisiert, retweetet oder beantwortet werden.
Promotion/-werkzeug	Verkaufsförderung/ Verkaufsförderungswerkzeug
Public Relations	Öffentlichkeitsarbeit

Publisher	Veröffentlicher/Publizierer
Push- und Pull-Marketing	Als Push- und Pull-Strategien werden Vorgehensweisen bezeichnet, die Bestandteil einer Marketingstrategie sind und den Kunden zum Erwerb eines Produktes oder einer Dienstleistung bewegen sollen. Push-Strategien sollen den Kunden mit Hilfe lauter, offensichtlicher Werbung zum Kauf des Produkts „hindrängen". Pull-Strategien zielen auf das „Anziehen" der Kunden durch leise, nutzwertige Werbeinformation ab.
Ranking	Rangordnung
Reader	Fibel. Zusammenstellung von überwiegend wissenschaftlichen Texten eines oder mehrerer Autoren unter einem gemeinsamen Oberthema.
Reaktanz	Unter psychologischer Reaktanz versteht man eine komplexe Abwehrreaktion, die als Widerstand gegen äußere oder innere Einschränkungen verstanden werden kann.
Return on Investment (ROI)	Kapitalrendite. Ob sich eine Investition gelohnt hat, zeigt die Errechnung der Kapitalrendite.
Roundtable	Runder Tisch. Diskussionsrunde zu einem bestimmten Thema.
Scrollen	Eine Darstellung, die auf dem Bildschirm nicht im Ganzen erfasst werden kann, in Ausschnitten nach und nach auf dem Bildschirm verschieben.
Sharen und Liken	„Teilen" und „mögen". Eine gängige Verhaltensweise in den sozialen Medien, um mit anderen Mitgliedern des Netzwerks Informationen auszutauschen und/oder seine Zustimmung zu bestimmten Themen auszudrücken.

Smartphone	Mobiltelefon mit erweitertem Funktionsumfang wie Electronic Mail (E-Mail), World Wide Web (WWW), Terminkalender, Navigation sowie Aufnahme und Wiedergabe audiovisueller Inhalte.
Social Media	Soziale Medien. dienen der – häufig profilbasierten – Vernetzung von Benutzern und deren Kommunikation im Internet.
Special Interest (Journalismus)	Als Special-Interest-Journalismus bezeichnet man Journalismus zu speziellen Themen, für spezielle Zielgruppen. Der Gegensatz ist „General-Interest".
Social-Influencer	Person, die andere Internetnutzer in ihrer Meinung durch Beiträge beeinflusst. (-> Influencer Marketing)
Software	„Weiche Ware". Gegensatz zu (-> Hardware). Software ist ein Sammelbegriff für Programme und die zugehörigen Daten.
Sponsored Channel	„Bezahlter Kanal". Ähnlich wie im TV kann der Kunde unterschiedliche Inhalte rund um die Marke präsentieren.
Sponsored Content	Bezahlter Inhalt einer Webseite
Sponsored Post	Bezahlter Beitrag auf einem (-> Blog) oder in den sozialen Medien
Sponsored Gallery	Bezahlte Online-Bildergalerie
Sponsored Showroom	Bezahlter Produktpräsentationsraum im Internet
Sponsored Stories	Bezahlte Geschichte/bezahlter Artikel
Sponsored Survey	Bezahlte/in Auftrag gegebene Untersuchung

Sponsored Videopost	Bezahlter Videobeitrag
Stand Alone Newsletter	Ein von einer Redaktion versandter Newsletter an alle registrierten User. Enthält 100% Kundeninhalte.
Storytelling	Geschichten erzählen. Eine Methode, bei der durch das Erzählen von Geschichten Informationen beim Rezipienten tiefer verankert werden. Es wird vor allem im Wissensmanagement, der Kinder- und Erwachsenenbildung, dem Journalismus, im Fundraising, der Psychotherapie sowie in Marketing, PR und Werbung verwendet.
Tablet	Tragbarer, handlicher Computer, der über einen berührungsempfindlichen Bildschirm verfügt.
Task Force	Für einen begrenzten Zeitraum eingerichtete Arbeitsgruppe zur Lösung von vorher definierten Aufgaben.
Taylormade-Advertising	Maßgeschneiderte Werbeformate
Teaser	Anrisstext. Ein kurzes Text- oder Bildelement, das zum Weiterlesen, -hören, -sehen, -klicken verleiten soll.
Traffic	Intensität, mit der die Internetnutzer eine Webseite benutzen; Traffic wird mithilfe der transferierten Datenmenge gemessen.
Tutorial	Eine häufig audiovisuelle Gebrauchs-anleitung/Schritt-für-Schritt-Anleitung.
User	Die Begriffe User, Nutzer, Benutzer oder Internetnutzer bezeichnen eine Person, die von den Diensten des Computers und des Internets Gebrauch macht.
User Generated Content	User Generated Content beschreibt Inhalte im Web, die von den Nutzern selbst erstellt und verbreitet werden.

USP	Unique Selling Proposition. Einzigartiges Verkaufsversprechen bei der Positionierung einer Leistung. Der USP soll durch Herausstellen eines einzigartigen Nutzens das eigene Produkt von den Konkurrenzprodukten abgrenzen.
Venture Capitalist	Bezeichnet einen Investor, der in Wagniskapital investiert.
Viralität	Die Eigenschaft von Inhalten, sich durch Interaktion der Nutzer wie ein Virus in den sozialen Netzwerken zu verbreiten.
Virales Marketing	Diese Marketingtechnik professionalisiert die Möglichkeit, Inhalte durch bewussten Einsatz von (-> Viralität) noch weiter zu verbreiten.
Viraler Uplift	Virale Erhöhung/Aufschwung. Die Reichweite von Inhalten wird durch (-> Viralität) erhöht.
Video Content	Audiovisuelle Medieninhalte auf einer Webseite
Videoview	Leistungskennzahl, mit der der Erfolg von (-> Video Content) gemessen wird.
Vlogger	Ein Video-Blog, auch als VLog oder V-Log bezeichnet, ist ein Kunstwort aus „Video" und (-> Blog) bzw. „Weblog". Der Vlogger ist die Person, die den Vlog mit (-> Content) füllt.
Webseite	Gesamtheit aller Seiten, die eine Person oder ein Unternehmen im Internet zur öffentlichen Verfügung stellt. Eine Website wird i. d. R. über die Homepage des Betreibers erreicht.
Word-of-Mouth-Marketing	Mundpropaganda-Marketing. Produkt-Informationen werden von Kunde zu Kunde weitergegeben.
Youtube-Player	Youtube-Abspieler. Abspielprogramm für in die Webseite integrierte Youtube-Videos

Einführung

1. Einleitung

1.1 Problemstellung / Themenrelevanz

„Die Seelen-Verkäufer", übertitelt der Spiegel in seiner Ausgabe vom 19.04.2014 einen Artikel zum Thema Native Advertising. Mit Native Advertising, einer digitalen Werbe-Redaktions-mischform, erreiche die bewusste Irreleitung der Leser eine neue Qualität, so die Autoren Martin U. Müller und Isabell Hülsen weiter. Sie werde zu einem gängigen Stilmittel der Werbung, vor allem im Netz. Beim SPIEGEL sei die Offenheit für das neue Format begrenzt, proklamierten die hauseigenen Autoren im Jahr 2014. Werbung, die aussehe wie ein Text der Redaktion, werde es beim Spiegel nicht geben.[1]

Dabei ist das Aufweichen der Grenze zwischen Redaktion und Werbung nicht erst die Erfindung der „Generation Internet". In der Printbranche gehören *Advertorials* bereits seit vielen Jahren zum erlöswirtschaftlichen Alltag – auch wenn das vielen Lesern und sogar einigen Journalisten nicht bewusst ist oder bewusst sein will. Wie viele andere Erlösmodelle in der Printmedienbranche wurde das *Advertorial* als innovative Alternative zum traditionellen Geschäftsmodell der Verlage entwickelt. Seine Entstehung kann also als eine unmittelbare Folge des vorherrschenden Medienwandels betrachtet werden. Ausbleibende Erlöse aus Anzeigengeschäft und Vertrieb konnte die Werbe-Redaktions-Mischform bisher dennoch nicht aufwiegen.

Im Internet scheint das Prinzip der bezahlten redaktionellen Inhalte nun jedoch deutlich besser zu funktionieren. BuzzFeed ist das erste Medienunternehmen, das auf Native Advertising als hundertprozentiges Erlösmodell setzt. Im Geschäftsjahr 2014 generierte das Internet-medienunternehmen laut eigener Angaben so einen Umsatz von über 100 Millionen US-Dollar.[2] Auch das Schweizer Onlinemagazin Watson.ch, inzwischen ein Inhalte-Kooperationspartner von SPIEGEL ONLINE, verdient bereits, so lassen Unternehmenssprecher verlauten, ein Drittel seiner Umsätze mit Native Advertising.[3]

Wie steht es also um die Chancen, Risiken und Möglichkeiten von Native Advertising für deutsche Medienunternehmen? Wer setzt Native Advertising bereits wie ein? Sollte überhaupt auf Native Advertising gesetzt werden? Und wenn ja: Wer sollte den Anschluss

---

[1] Vgl.: spiegel.de, „Seelen-Verkäufer", Abrufdatum: 21.05.2016 (http://www.spiegel.de/spiegel/print/d-126589974.html)
[2] Vgl.: onlinemarketingrockstars. de, „Buzzfeed immer verrückter: Reichweitenrekorde und eine Viertelmillion nur für Mitarbeitergeschenke", Abrufdatum: 11.06.2016 (www.onlinemarketingrockstars.de/buzzfeed-immer-verrueckter-reichweitenrekorde-und-eine-viertel-million-fuer-mitarbeitergeschenke/)
[3] Vgl.: werbewoche.ch, „Watson zieht nach zwei Jahren positive Bilanz", Abrufdatum. 11.06.2016 (http://www.werbewoche.ch/watson-zieht-nach-zwei-jahren-positive-bilanz)

nicht verlieren? Welche Besonderheiten im Hinblick auf Recht und die Wahrung der Glaubwürdigkeit der Medienmarke gibt es im Umgang mit Native Advertising zu beachten? Zusammengefasst: Welche Handlungsempfehlungen kann diese Untersuchung Medienunternehmen im Umgang mit Native Advertising geben?

Im Mai 2016 findet sich im Jobportal der SPIEGEL-Gruppe folgende Stellenbeschreibung:

„Die SPIEGELnet GmbH benötigt - zunächst befristet für ein Jahr - Ihre Unterstützung als Content Marketing Manager (m/w). Ihre Aufgaben: Entwicklung und Umsetzung von kunden- und kampagnen-individuellen Content- und Native-Advertising-Konzepten für die Objekte der SPIEGEL-Gruppe in Zusammenarbeit mit der Vermarktung sowie als Schnittstelle zu den Redaktionen".[4]

Haben Medienunternehmen – inklusive des kritischen SPIEGEL-Verlags – heute also überhaupt noch die Wahl, sich gegen Native Advertising zu entscheiden?

1.2 Zielsetzung

Es ist ein Dilemma, in dem Medienunternehmen seit einiger Zeit stecken. Auf der einen Seite lockt der Einsatz von Native Advertising als Erlösmodell mit positiven Umsatzprognosen. Yunfeng Cui, *Executive Director Digital Solutions* bei G+J *Media Sales*, geht davon aus, dass der deutsche Native-Advertising-Markt rein für Verlags- und Medienhäuser im Digitalbereich bereits einen dreistelligen Millionenbetrag ausmacht (ohne Google, Facebook, Twitter, Instagram etc.). Dieser Markt wachse, laut Cui, weiterhin im zweistelligen Prozentbereich.[5]

Medienunternehmen wie BuzzFeed oder Gruner + Jahrs Kommunikationsagentur Territory, die im Zusammenhang mit Native Advertising aktuell entstehen und wachsen, werden deshalb als Vorbilder für einen möglichen Weg aus der Finanzierungskrise der Medien gepriesen. Der wachsende Druck durch Auflagen- und Anzeigenrückgang im Printbereich sowie einbrechende Preise für Display-Ads und der Einsatz von *Ad-Blockern* im Digitalen machen den Einsatz von Native Advertising für Medienunternehmen des Weiteren immer attraktiver.[6]

Auf der anderen Seite warnen Kritiker jedoch auch davor, dass ein in die Irre führender Einsatz von Native Advertising den Vertrauensverlust in die Medienmarke seitens des mühevoll und langjährig aufgebauten Leserstamms zur Folge haben kann,[7] und das in Zeiten, in denen der

---

[4] newsroom.com, Stellenanzeige „Content Marketing Manager m/w", Abrufdatum: 11.06.2016 (https://www.newsroom.de/fileadmin/user_upload/jobs/20160418_FS_SPIEGEL_Content_Marketing_Manager.pdf)
[5] Vgl.: Anhang, Experteninterview, S. 10
[6] Vgl.: digibuzz.de, „Digitaler Werbemarkt wächst in Deutschland weiter", Abrufdatum: 11.06.2016 (http://digibuzz.de/display-werbung-digitaler-werbemarkt-waechst-deutschland-weiter/)
[7] Vgl.: spiegel.de, „Seelen-Verkäufer", Abrufdatum: 11.06.2016 (http://www.spiegel.de/spiegel/print/d-126589974.html)

Begriff „Lügenpresse" zum Unwort des Jahres gewählt wird, keine Warnung, die auf die leichte Schulter genommen werden sollte. [8] Um der ungewollten Verwirrung der Leser entgegenzuwirken, ist es wichtig, Native Advertising deutlich als Werbung zu kennzeichnen, sagen Experten. Doch auch diese Kenntlichmachung hat ihre Tücken: Hebt sich native Werbung zu sehr von ihrem Umfeld ab, in das sie sich der Definition nach einfügen soll, ist sie nicht mehr im gewünschten Sinne nativ. Der erhoffte Werbeerfolg bleibt aus.

Wie sollen Medienunternehmen also mit dem komplizierten Thema Native Advertising umgehen, damit es auch tatsächlich zum Erfolg und vor allem zu einem langfristig erfolgreichen Erlösmodell werden kann? Hier ist Fingerspitzengefühl seitens der Medienschaffenden gefragt.

1.3 Zielgruppe

Die vorliegende Ausarbeitung nimmt die interne Perspektive aus Sicht von Medienunternehmen und Verlagshäusern ein. Den Entscheidern im Unternehmen sollen konkrete Handlungsempfehlungen für den Einsatz und Umgang mit dem Thema Native Advertising gegeben werden. Es werden sowohl die Chancen und Risiken des Angebots von Native Advertising diskutiert, als auch Voraussetzungen, die für den erfolgreichen Einsatz geschaffen werden oder gegeben sein müssen, dargestellt. Die vorliegende Untersuchung soll demnach Medienunternehmen konkrete Handlungsempfehlungen zur Orientierung auf neuem Terrain an die Hand geben

1.4 Beschreibung von Vorgehensweise und Methodik der Arbeit

Zunächst wird ein Überblick über die Rahmenbedingungen für die Arbeit deutscher Medienunternehmen sowie eine Darstellung wichtiger Entwicklungen der Branche in den vergangenen drei Jahrzehnten gegeben. So soll das Entstehen der Werbeform Native Advertising in ihren Kontext eingeordnet werden. Um die Entstehung der neuartig anmutenden Werbeform Native Advertising noch transparenter zu machen, wird das in der Printbranche bereits viele Jahre bekannte Promotionwerkzeug „Advertorial" vorgestellt. Aus der gegebenen Problemstellung wird eine Forschungsfrage und daraus die Subforschungs-

---

[8] Vgl.: unwortdesjahres.net, „Unwort des Jahres 2014: Lügenpresse", Abrufdatum: 21.05.2016 (www.unwortdesjahres.net/fileadmin/unwort/download/pressemitteilung_unwort2014.pdf)

fragen abgeleitet. Eine Abgrenzung zu nicht in dieser Arbeit behandelten Fragen wird vorgenommen. Zum allgemeinen Verständnis der Thematik werden verschiedene Definitionen von Native Advertising diskutiert. Auf dieser Basis kann eine Typisierung für die Werbeform entwickelt werden. Nach der Diskussion des Begriffs *Content* Marketing wird der Zusammenhang zwischen *Content* Marketing und Native Advertising erörtert. Die Fallstudien sollen Aufschluss darüber geben, wie das Native-Advertising-Angebot deutscher Medienhäuser bereits aufgestellt ist und in welcher Geschwindigkeit sich der Markt entwickelt. Anhand unterschiedlicher Studien wird sodann die Werbewirkung von Native Advertising auf den Leser diskutiert. Dabei wird auch der Bereich Mobile Business untersucht. Im nächsten Schritt werden medienrechtliche Aspekte und Aspekte für die langfristige Glaubwürdigkeit der Medienmarke diskutiert. Die Frage, ob der Einsatz von Native Advertising auch Konsequenzen für den Einsatz von qualifiziertem Fachpersonal im Medienunternehmen hat, wird im nächsten Schritt untersucht. Wichtig für den erlöswirtschaftlichen Erfolg von Native Advertising sind auch die Aspekte *„Viralität"* und „Skalierbarkeit des Geschäftsmodells", die im Anschluss behandelt werden. Die Erörterung des Themas Umsatzpotenzial von Native Advertising ist bedeutsam, um zu entscheiden, ob sich der Aufwand rund um das Angebot um Native Advertising durch Medienunternehmen rechnerisch lohnt. Im Fazit sollen Chancen und Risiken des Einsatzes von Native Advertising für Medienunternehmen gegeneinander abgewogen werden.

1.5 Theoretische und konzeptionelle Grundlagen, Rahmenbedingungen: Kurzüberblick Medienwandel

Die Neunzigerjahre des letzten Jahrhunderts waren wohl die beste Zeit für den Journalismus in Deutschland. Die Entwicklung der Tageszeitungsauflage sowie die der Abonnements stieg in dieser wirtschaftlich sehr soliden Zeit stark an.[9] Erlöse konnten mit dem klassischen Printmedien-Geschäftsmodell erwirtschaftet werden. Dieses Modell kombinierte den Verkauf von journalistischen Inhalten (*Content*) mit weiteren Vermarktungszugängen, also Werbung wie Anzeigen, aber auch Kleinanzeigen, Supplements und ähnliche Sonderwerbeformen.[10]
In den Neunzigerjahren wird das Internet immer populärer. Erste Formen des Online-Journalismus entwickeln sich. Diese Angebote werden von Verlegern als Konkurrenz zu ihren

---

[9] Vgl.: bdzv.de, „Die deutschen Zeitungen in Zahlen Daten und Fakten 2012/3", Abrufdatum: 15.06.2016, S. 4ff (http://www.bdzv.de/fileadmin/bdzv_hauptseite/markttrends_daten/wirtschaftliche_lage/2012/assets/ ZahlenDaten_2012.pdf)
[10] Vgl.: Nohr, 2011, S. 71 ff.

Printprodukten nicht rechtzeitig ernst genommen, ihr Entwicklungspotenzial wird unterschätzt. Mit der SPIEGEL-ONLINE-Gründung am 25. Oktober 1994 ist SPIEGEL ONLINE als redaktionell unabhängiges Web-Angebot des Nachrichtenmagazins DER SPIEGEL das weltweit erste Onlinemagazin. Inhalte der Online-Ableger der Printmagazine werden von Anfang an kostenlos angeboten. Mit fortschreitender Inanspruchnahme der Onlineangebote seitens der Leser, bei gleichzeitig stetiger Verbesserung der Aufbereitung der Inhalte, entstehen Kannibalisierungseffekte.

Das Einsetzen des Medienwandels (auch „digitale Revolution") wird auf die Jahrtausendwende datiert. Beide marktseitigen Elemente des traditionellen Erlösmodells der Verlage, also Vertrieb und Anzeigenverkauf, werden durch die Konkurrenz im Internet untergraben.[11] Früh verpassen Verleger hier die Chance, für Online-Inhalte Bezahlsysteme einzuführen. Im Nachhinein ab ca. 2009 eingeführte *Paid-Content*-Modelle können die ausbleibenden Erlöse aus Anzeigenverkauf und Vertrieb bis heute nicht auffangen.[12]

Auch die Finanzierung der Online-Zeitungen durch Anzeigenerlöse funktioniert im Internet nicht mehr wie einst im Offlinegeschäft. Online-Zeitungen konkurrieren nicht nur mit anderen Online-Zeitungen, sondern zusätzlich mit zahlreichen weiteren Informations- und Unterhaltungsseiten um die Gunst und das Geld der Werbekunden (z. B. gutefrage.net, web.de). Nahezu der gesamte Kleinanzeigenmarkt, der früher in Printprodukten zu finden war, ist in das Digitale abgewandert (z. B. autoscout24.de, parship.de, ebay). Die durch den Medienwandel bedingten sinkenden Auflagen der Zeitungen führen des Weiteren dazu, dass Anzeigenkunden heute häufig lieber Spots im TV als Anzeigen in Printmedien schalten.[13] Im Bezug auf die sogenannte Anzeigen-Auflagen-Spirale ergibt sich hier durch die fallenden Auflagen der Printprodukte eine Abwärtsspirale. Das bedeutet: Durch die geringere Verbreitung reduziert sich der Werbewert, was sich wiederum negativ auf die Anzeigenerlöse auswirkt.[14]

Auch sogenannter *User Generated Content* (z. Dt nutzergenerierter Inhalt) steht heute in Konkurrenz zu von Internetmagazinen und -zeitungen erstellten Inhalten. Unter diesen Überbegriff fallen digitale Inhalte wie Text, Musik oder Fotos einer Website. Sie sind eine kreative Schöpfung der Nutzer und folgen nicht zwangsläufig bestimmten professionellen Standards. *User Generated Content* reicht von *Blog*-Beiträgen, Lexikoneinträgen oder

---

[11] Vgl.: Nohr, 2011, S. 80 ff.
[12] Vgl.: meedia.de, „Paid Content weltweit: Fast keiner will für Online-News zahlen", Abrufdatum: 15.06.2016
(http://meedia.de/2015/06/16/paid-content-weltweit-fast-keiner-will-fuer-online-news-zahlen/)
[13] Vgl.: deutschlandfunk.de, „Wege aus der Zeitungskrise", Abrufdatum: 13.06.2016
(http://www.deutschlandfunk.de/digitalisierung-wege-aus-der-zeitungskrise.724.de.html?dram:article_id=301418)
[14] Vgl.: uni-flensburg.de, „Größenvorteile von Medienunternehmen: Eine kritische Würdigung der Anzeigen-Auflagen-Spirale",
Abrufdatum: 15.06.2016 (https://www.uniflensburg.de/fileadmin/content/abteilungen/marketing/dokumente/pdfs/anzeigen-
auflagen-spirale.pdf)

Produktrezensionen über Design-Entwürfe hin zu Restaurantbewertungen [15] und vielen anderen Inhalten, die gerade auch über soziale Medien wie facebook, youtube, twitter und weiter verbreitet werden.

Entwicklung der Tages-, Sonntags- und Wochenzeitungen

Jahr[1]	Publizistische Einheiten	Verlage als Herausgeber	Ausgaben	Verkaufte TZ-Auflage in Mio.	Sonntagszeitungen	Wochenzeitungen
1954	225	624	1.500	13,4	3	28
1964	183	573	1.495	17,3	3	50
1967	158	535	1.416	18,0	3	56
1976	121	403	1.229	19,7	3	47
1979	122	400	1.240	20,3	4	46
1981	124	392	1.258	20,5	3	49
1983	125	385	1.255	21,3	3	43
1985	126	382	1.273	20,9	4	45
1987	121	(375)	-	21,1	4	44
1989	119	358	1.344	20,6	5	37
1989 DDR	37	38	291	9,6	-	-
1991	158	410	1.673	27,3	7	29
1993	137	384	1.601	25,9	9	31
1995	135	381	1.617	25,4	8	30
1997	135	371	1.582	25,0	7	24
1999	135	355	1.581	24,0	7	24
2001	136	356	1.584	23,8	7	24
2003	134	349	1.561	22,6	7	25
2005	138	359	1.538	21,7	6	27
2007	135	351	1.514	20,8	7	27
2009	134	351	1.511	19,9	6	27
2011	133	347	1.509	18,8	6	21
2012	130	333	1.532	18,4	6	20

1) 1954 – 1989: altes Bundesgebiet, ab 1991 inkl. Ostdeutschland.
Quelle: Schütz/IVW

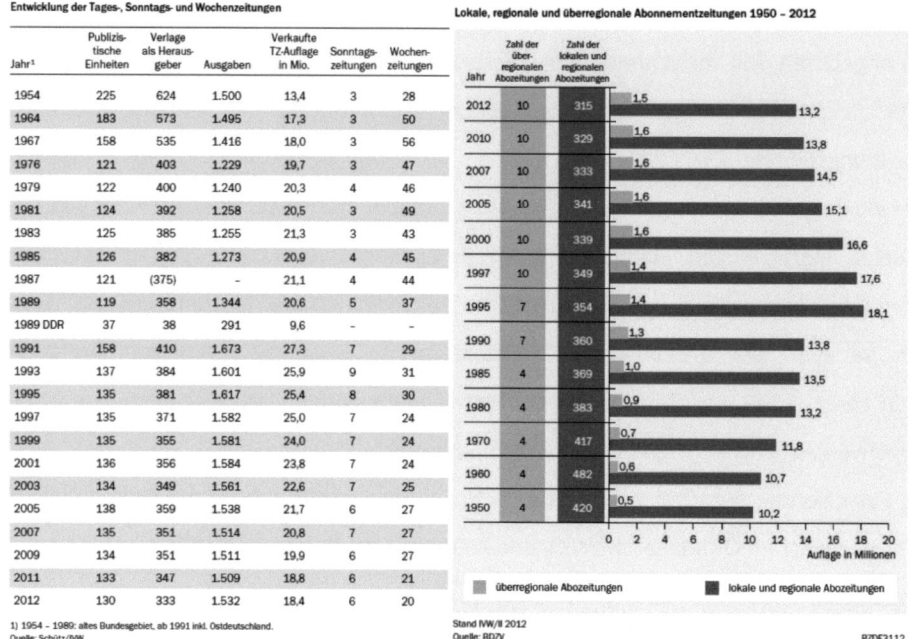

Abbildung 1: Entwicklung der Anzahl der Zeitungen, Quelle: blog.hemartin.net, „BDZV: Zeitungen in Deutschland 2012/13 –Zahlen und Daten", Abrufdatum: 04.08.2016 (http://blog.hemartin.net/2012/11/bdzv-zeitungen-in-deutschland-20122013.html)

Abbildung 2: Entwicklung der Auflage der Zeitungen, Quelle: ebd.

[15] Vgl.: gründerszene.de, Lexikon: User Generated Content, Abrufdatum: 15.06.2016 (http://www.gruenderszene.de/lexikon/begriffe/user-generated-content)

2. Diskussion wichtiger Begriffe

2.1 Das Advertorial: Der Grauzonen-Klassiker

Lange fehlte vom *Advertorial* in der journalistischen Fachliteratur, in PR-Praxishandbüchern sowie im Lehrplan der meisten Journalistenschulen jede Spur. Dies ist besonders erwähnenswert, da diese Textsorte längst zum Berufsalltag vieler Agentur- und Redaktionsmitarbeiter gehört.[16] In der Praxis gewinnt die Sonderwerbeform als redaktionell gestaltete Anzeige bereits seit den Achtzigerjahren immer mehr an Marktbedeutung.[17]

Schon der Name verrät die Zielrichtung: *Advertorial* ist eine Wortschöpfung aus Advertising (z. Dt.: Werbung) und Editorial (z. Dt.: Leitartikel). „Anzeigen werden so gestaltet, dass der flüchtige Leser sie nicht als solche erkennt und ihnen die Glaubwürdigkeit eines redaktionellen Beitrags beimisst. Um diese Wirkung zu erzielen, müssen die Anzeigen jedem Werbeträger bzw. Stil und Redaktionskonzept angepasst werden", lautet die Definition des Gabler Wirtschaftslexikons.[18] Laut Pressekodex unterliegen derartige Angebote jedoch auch besonderer Kennzeichnungspflicht, um eine Trennung von Redaktion und Werbung zu gewährleisten: „Bezahlte Veröffentlichungen müssen so gestaltet sein, dass sie als Werbung für den Leser erkennbar sind. Die Abgrenzung vom redaktionellen Teil kann durch Kennzeichnung und/oder Gestaltung erfolgen. Im Übrigen gelten die werberechtlichen Regelungen."[19] Zwei Arten von *Advertorial*s sind in der Praxis üblich: Redaktionelle und nicht redaktionelle. Ein redaktionelles *Advertorial* entspricht der Konzeption, der Optik sowie der thematischen und stilistischen Ausgestaltung des Mediums. Hier übernimmt die Redaktion oder der Redaktion nahestehende Abteilungen häufig selbst die Produktion. Ein nichtredaktionelles *Advertorial* wird von dem werbenden Unternehmen komplett selbst gestaltet und ähnlich einer Anzeige der Redaktion fertig angeliefert. Es wird häufig gleich in mehreren unterschiedlichen Titeln veröffentlicht und kann deshalb nicht individuell an das Magazin angepasst werden.[20]

Auf Kundenseite sollen mit der Umsetzung dieser Sonderwerbeform die Ziele der Vertrauensbildung, Glaubwürdigkeit und Aktualität erreicht werden. Auch der Trend zu einer stärkeren Betonung von Themen und Inhalten im Rahmen der eigenen Kommunikation spielen dabei eine Rolle.[21] Eine Studie der Burda *Community* Network GmbH zur Werbewirkung von *Advertorial*s hat

---

[16] Vgl.: Schach, 2015, S. V
[17] Vgl.: Porlezza, 2014, S. 89
[18] Vgl.: wirtschaftslexikon.gabler.de, „Advertorial", Abrufdatum: 14.6.2016
(http://wirtschaftslexikon.gabler.de/Definition/advertorial.html)
[19] presserat.de, „Praxis-Leitfaden Ziffer 7 Pressekodex", Abrufdatum: 14.06.2016
(https://www.presserat.de/fileadmin/user_upload/Downloads_Dateien/Leitfaden_Ziffer_7.pdf)
[20] Vgl.: Schach, 2015, S. 38 ff.
[21] Vgl.: Schach, 2015, S. 35

mittels Eyetrackingverfahren (z.Dt.: Blickverfolgungsverfahren) ergeben, dass das redaktionelle *Advertorial* mit fast 16 Sekunden Verweildauer die Aufmerksamkeit des Lesers rund 13 Sekunden länger bindet als klassische Anzeigenwerbung. Durch eine Befragung der Studienteilnehmer kam ebenso heraus, dass Detail-Infos mittels dieser Werbeform besser vermittelt werden konnten als mit der klassischen 1/1-Anzeige. Alle Anzeigenelemente wurden beim redaktionellen *Advertorial* intensiver betrachtet als beim nichtredaktionellen. Laut der Befragungsergebnisse der Studie wirken *Advertorial*s glaubhaft und werfen ein gutes Licht auf die Marke. Sie würden nicht als unseriös betrachtet werden.[22]

Zufolge einer Studie des Unternehmens Media Analyzer finden 42 % der Befragten, dass *Advertorials* leicht als Werbung zu erkennen sind, was per se ja nicht schlecht sei. Für gut ein Fünftel der Befragten leide das Image des Werbeträgers jedoch unter der Schaltung von *Advertorials*. 22 % meinen, das Magazin wirke dadurch unseriös. Trotz hohem Informationsgehalt könnten die *Advertorials* nur wenig Interesse am Produkt wecken (14 %).

Bei der Gegenüberstellung beider Studien sollte bedacht werden, dass die Media Analyzer Studie aus dem September 2009 stammt und die Analyse der Burda *Community* Network GmbH im Dezember 2012 veröffentlicht wurde. Das Rezeptionsverhalten könnte sich inzwischen geändert haben, eventuell hat eine Gewöhnung an Werbemischformen stattgefunden. „Heute ist der Leser auch ein anderer geworden", glaubt G+J Media-Sales- Experte Yunfeng Cui, „er ist durchaus aufgeklärt und sieht und gewöhnt sich an bestimmte Dinge und erkennt: O.k., das ist eine Werbung".[23] Andererseits wurde die Burda- Studie von einem Medienhaus in Auftrag gegeben, das mit der Veröffentlichung der Ergebnisse ein bestimmtes Ziel verfolgt. Die Media-Analyzer-Studie kann also als unabhängiger betrachtet werden.

Eine Untersuchung der Kommunikationsforscher WIRTH, MATTHES, SCHEMER und STÄMPFLI aus dem Jahr 2009 ergab, dass die Rezipienten nur bei ausreichend hoher Aufmerksamkeit, geringer Betroffenheit und gefestigtem *Persuasion*swissen die Kontrolle über mögliche *Persuasion*sversuche durch zum Beispiel *Advertorials* behalten. Laut Forschungsstand zur impliziten Wahrnehmung könnten auch beiläufig aufgefasste Werbebotschaften zur Beeinflussung der Einstellung der Rezipienten führen.[24]

Die Verlage und Medienhäuser sind, wie der mediale Alltag zeigt, aus erlöswirtschaftlicher Sicht weiterhin daran interessiert, ihren Kunden kreative und innovative Werbemöglichkeiten zu bieten.[25] „Das *Advertorial* hat sich als Sonderwerbeform mittlerweile so stark etabliert, dass es von

---

[22] Vgl.: docplayer.org, „Advertorial Studie: Wirkung von Advertorials", Abrufdatum 14.06.2016 (http://docplayer.org/8545380-Advertorial-studie-wirkung-von-advertorials-in-zusammenarbeit-mit-der-lbs.html)
[23] Vgl.: Anhang, Experteninterview, S. 10 ff.
[24] Vgl.: Wirth, Matthes, Schemer, Stämpfli, 2009, S. 1. f.
[25] Vgl.: Schach, 2015, S. 35 ff.

nahezu allen Verlagshäusern, die auf dem Printmarkt tätig sind, als Sonderwerbeform in den Mediadaten und Online Showrooms aktiv angeboten wird", stellt SCHACH in ihrem Standardwerk über die neuen Texte der Unternehmenskommunikation fest. So ließen sich Angebots-Beispiele bei den Vermarktungseinheiten von Springer-Verlag, Gruner + Jahr *Media Sales*, der Frankfurter Allgemeinen Zeitung[26] und sogar bei Spiegel QC finden[27].

Advertorials können in Tageszeitungen, Anzeigenblättern, Publikumszeitschriften, Fachzeitschriften, Wochenzeitungen, Sonntagszeitungen und Zeitungssupplements platziert werden. Laut Zentralverband der deutschen Werbewirtschaft ZAW e. V. belaufen sich die Gesamt-Werbeeinnahmen dieser Werbeträger im Jahr 2015 auf 5.612.800.000 Euro[28]. Laut Studien von BURNER und NOWAK entfallen bis zu 10 % des Gesamtwerbeaufkommens auf *Print-Advertorials*.[29] Dieser Annahme folgend wurden in 2015 561.280.000 Euro mit *Advertorials* umgesetzt. Laut SCHACH werde die Textsorte *Advertorial* am Markt noch wichtiger werden oder zumindest ihre Relevanz bewahren. Dies ließe die offensive Bewerbung dieser Sonderwerbeform durch die Verlage ebenso vermuten wie die starke Themenfokussierung der werbenden Unternehmen.[30]

Einem wachsenden Erfolg dieser *Print*-Sonderwerbeform wird jedoch bereits seit einigen Jahren eine Grenze gesetzt: Die seit den Neunzigerjahren sinkenden Auflagen von Tageszeitungen und Printmagazinen führen dazu, dass werbetreibende Unternehmen oft auf andere Werbeträger wie TV oder Internet ausweichen.[31]

2.2 Native Advertising

Der Begriff Native Advertising selbst ist sehr jung. Im Rahmen einer Rede des *Venture Capitalists* Fred Wilson fiel im September 2011 erstmals der Ausdruck „native monetisation", um Online-Werbung zu beschreiben. Wilson berichtete von Googles „paid search", Twitters „promoted tweets" sowie Facebooks „sponsored posts" und ihrer natürlichen Integration in ihr redaktionelles Umfeld. Form und Funktion journalistischer Inhalte würden durch diese Werbeformen imitiert werden.[32] Dan Greenberg, CEO der US-Internetwerbefirma Sharethrough, griff das Wort „native" auf und formulierte so den Begriff Native Advertising.

[26] Vgl.: ebd.
[27] Vgl.: spiegel-qc.de, „Advertorials im UniSPIEGEL", Abrufdatum: 12.06.2016
(http://www.spiegel-qc.de/uploads/MediaSolution/Advertorials/UniSP_Advertorials_2016.pdf)
[28] zaw.de, „Netto-Umsatzentwicklung der Werbeträger 2015", Abrufdatum: 15.06.2016
(http://www.zaw.de/zaw/branchendaten/nettoumsatzentwicklung-der-werbetraeger/)
[29] Vgl.: Porlezza, 2014, S. 89
[30] Vgl.: Schach, 2015, S. 44
[31] bdzv.de, „Die deutschen Zeitungen in Zahlen, Daten und Fakten 2012/3", Abrufdatum: 15.06.2016
(http://www.bdzv.de/fileadmin/bdzv_hauptseite/markttrends_daten/wirtschaftliche_lage/2012/assets/ZahlenDaten_2012.pdf)
[32] Vgl.: Goodman et al., 2013, S. 24

Greenbergs Unternehmen ist inzwischen in den USA der erfolgreichste Anbieter von *Software* für Native Advertising für Medienschaffende im Internet.[33] 2012 äußerte Greenberg dann erstmals eine treffende Definition. Native Adertising sei:

„A form of media that's built into actual visual design and where the ads are part of the content."[34]

Im Juni 2016 findet sich auf Greenbergs Unternehmens-Hompage die verfeinerte Definition:

„n. Native advertising is a form of paid media where the ad experience follows the natural form and function of the *user* experience in which it is placed."[35]

Im Juni 2013 belegte eine Umfrage der *Online Publishers Association*, dass bereits 73 % der *Online Publisher* in den USA Native Advertising auf ihren Seiten anboten.[36a, 36b, 36c] Im Jahr 2013 suchten GOODMANN/RITZEL/VAN DER SCHAAR erstmals wissenschaftlich nach einer allgemein gültigen Definition für Native Advertising. Sie stellten unter anderem die Sub-Forschungsfrage: „Gibt es eine allgemeingültige Definition von Native Advertising? Wie könnte diese praxistauglich lauten, welche Dimensionen müsste sie abdecken?"[37] Mit Hilfe von Experten-interviews versuchten die Forscher eine Definition zu ermitteln, konnten jedoch keine allgemeingültige finden. Das Ergebnis der Arbeit lautete also: „Von allen Experten, die mit Native Advertising zu tun haben, wird bestätigt, dass es wirklich an der Zeit ist, eine klare Definition von Native Advertising nachzuliefern".[38] Hiermit solle eine Verminderung von Irritation beim Leser erreicht werden. Nur wenn der Leser nicht irritiert werde, könne Native Advertising langfristiges Erlöspotenzial für die Zukunft zugesprochen werden.[39]

Das US-amerikanische *Interactive Advertising Bureau (IAB)* berief im Juli 2013 eine *Task Force* (z. Dt.: Sondereinheit) Native Advertising ein. Anfang Dezember 2013 legte diese eine Art Rahmenwerk einschließlich empfohlener Kennzeichnungsregeln für die neue Werbeform vor.

---

[33] ebd.
[34] ebd.
[35] Vgl.: sharethrough.com, „The Official Definition", Abrufdatum: 17.06.2016
(http://www.sharethrough.com/nativeadvertising/)
[36a] Vgl.: bdzv.de, „Reader Native Advertising: Optionen für Zeitungsverlage", Abrufdatum 17.06.2016, S. 18
(https://www.bdzv.de/fileadmin/bdzv_hauptseite/markttrends_daten/BDZV-Reader_Native_Advertising.pdf)
[36b] Vgl.: blog.wan-ifra.org, „Native Advertising isn't what you think it is", Abrufdatum: 20.06.2016
(http://blog.wan-ifra.org/2013/07/22/native-advertising-isn-t-what-you-think-it-is)
[36c] Vgl.: Digiday.com, „How publishers define native", Abrufdatum: 20.06.2016
(http://digiday.com/publishers/how-publishers-define-native/)
[37] Vgl.: Goodman et al., 2013, S. 12
[38] Vgl.: ebd., S. 109
[39] Vgl.: ebd., 2013, S. 130

Mit dem Native Advertising Playbook sollte, Inserenten und Inhalte-Anbietern erstmals eine Orientierungshilfe im Umgang mit Native Advertising gegeben werden.

Ebenfalls im Juli 2013 stellte die WAN-IFRA, die World Association of Newspapers and News *Publisher* fest, dass trotz aller Definitionsbemühungen Begrifflichkeiten wie *Sponsored Content*, *Native Advertising*, *Advertorial* und *Brand Content* in Verbindung mit dem Thema *Native Advertising* weiterhin durcheinandergebracht würden.[40] Ein Zustand, der bis heute im Formulierungswirrwarr vieler Medienhäuser und Werbetreibender anhält.[41] Hilfreich bei der richtigen Benennung des eigenen Angebots soll nach WAN-IFRA folgendes Schaubild sein[42]:

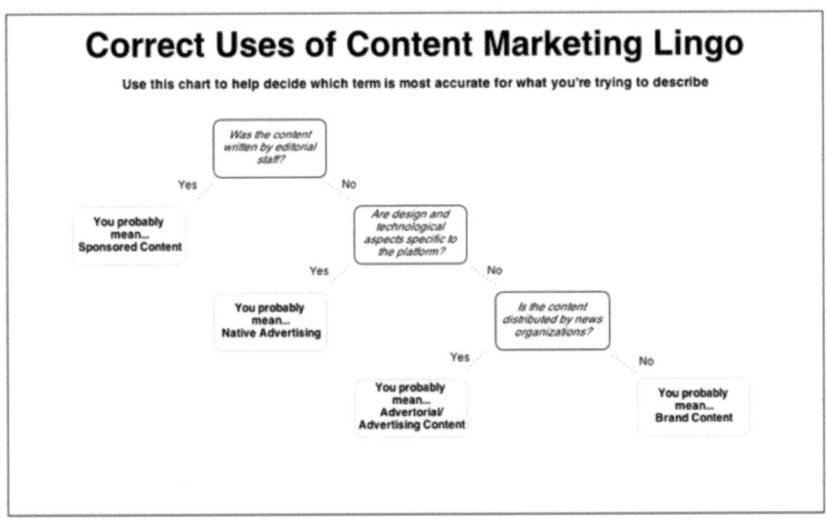

Abbildung 3: Schaubild über die richtige Verwendung des Begriffs Native Advertising, Quelle: bdzv.de, „Native Advertising: Optionen für Zeitungsverlage", Abrufdatum: 21.06.2016, S. 19 (https://www.bdzv.de/fileadmin/bdzv_hauptseite/markttrends_daten/BDZV-Reader_Native_Advertising.pdf)

---

[40] Vgl.: blog.wan-ifra.org, „Native Advertising isn't what you think it is", Abrufdatum: 20.06.2016 (http://blog.wan-ifra.org/2013/07/22/native-advertising-isn-t-what-you-think-it-is)
[41] Vgl.: Digiday.com, „How publishers define native", Abrufdatum: 20.06.2016 (http://digiday.com/publishers/how-publishers-define-native/)
[42] Vgl.: blog.wan-ifra.org, „Native Advertising isn't what you think it is", Abrufdatum: 20.06.2016 (http://blog.wan-ifra.org/2013/07/22/native-advertising-isn-t-what-you-think-it-is)

Im Oktober 2015 veröffentlichte der Zentralverband der deutschen Werbewirtschaft (ZAW e. V.) einen *Reader* zum Thema Native Advertising. Zu den assoziierten Mitgliedern des ZAW gehören große Medienhäuser wie Axel Springer SE, Gruner + Jahr und Hubert Burda Media.[43] Der *Reader* ist das Ergebnis mehrerer verbandsübergreifender Arbeitsgruppen, an denen auch der Bundesverband Deutscher Zeitungsverleger e. V. (BDZV) und der Bundesverband Digitale Wirtschaft e. V. (BVDW) beteiligt waren. In dieser Publikation wird ebenfalls der Versuch einer Definition oder zumindest einer Typisierung von Native Advertising unternommen:

„Native Advertising ist eine ursprünglich in den USA entwickelte, mittlerweile auch in Deutschland etablierte, nicht standardisierte digitale Werbeform in Fremdmedien. Als Werbeform ist *Native Advertising* Teil des Oberbegriffs *Content Marketing*. Charakteristisch für Native Advertising-Formate ist ihre Anpassung/Integration an das jeweilige mediale Umfeld. Diese bezieht sich dabei im Wesentlichen auf die nachfolgenden Kriterien:

• die optische Gestaltung;
• die thematische Ausrichtung an das jeweilige redaktionelle Umfeld und die nach Inhalt und Tonalität redaktionsähnlich aufbereitete werbliche Kommunikation;
• die funktionalen Nutzungsmöglichkeiten und
• die technische Einbindung in die Infrastruktur des (Fremd)Mediums.

Die Kriterien stehen bei *Native Advertising* regelmäßig in Wechselbeziehung: Sie bedingen einander, wenngleich ein Weniger in einem Bereich auch durch ein Mehr in einem anderen Bereich ausgeglichen werden kann. Immer aber ist Native Advertising als werbliche Kommunikation erkennbar: Native Advertising-Formate sind klar als werbliche Kommunikation zu kennzeichnen, wobei der ZAW empfiehlt, hierfür jeweils eine einheitliche Bezeichnung zu verwenden."[44]

Die Verfasser des ZAW-*Readers* weisen darauf hin, dass es inzwischen vielfältige Definitionen für Native Advertising gebe, und dass unter dem Begriff weiterhin Verschiedenes verstanden werde. Eine weitergehende Begriffserläuterung sei deshalb im Umgang mit Native-Advertising-Definitionen immer nötig. Mit der Typisierung durch den ZAW sollen Unterschiede zu anderen Werbeformen aufgezeigt und Abgrenzungen ermöglicht werden. Laut ZAW sei die Werbeform

---

[43] Vgl.: zaw.de, „Assoziierte Mitglieder des ZAW", Abrufdatum 20.06.2016
(http://www.zaw.de/zaw/zaw/assoziierte-mitglieder/)
[44] zaw.de, „ZAW Reader Native Advertising", Abrufdatum 20.06.2016, S. 4 ff.
(http://www.zaw.de/zaw/zaw/publikationen/pdf/Native-Advertising-LF-3.pdf)

nicht standardisiert und habe gerade begründet durch ihre typischen Eigenschaften auch nicht das Ziel standardisiert zu werden.[45]

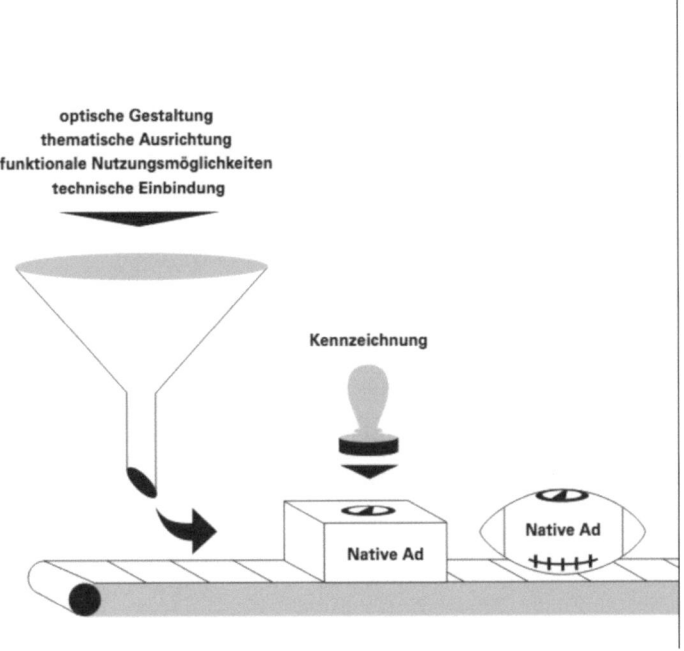

Abbildung 4: Typisierung von Native Advertising, Quelle: zaw.de, „ZAW Reader Native Advertising", Abrufdatum 20.06.2016, S. 4 ff (http://www.zaw.de/zaw/zaw/publikationen/pdf/Native-Advertising-LF-3.pdf)

Im Februar 2016 veröffentlichte der BDZV ein eigenes Handbuch zum Thema „Native Advertising – Optionen für Zeitungsverlage". Holger Kansky, der Multimedia-Referent des BDZV, stellte darin fest, dass es weiterhin keine gemeinsamen Definitionen, Qualitätsrichtlinien und Standards für *Native Advertising* gebe. Für einen einheitlichen Einsatz von *Native Advertising* in der deutschen Medienlandschaft müsste es jedoch fachliche und technische Vorgaben bezüglich der wörtlichen, formalen, grafischen und inhaltlichen Kennzeichnung geben. Kansky hofft, dieses Vorhaben zukünftig unter dem Dach des ZAW realisieren zu können.[46]

Häufig wird in der Praxis davon behauptet, dass neben Medienunternehmen auch Unternehmen wie Facebook, Google, Instagram und Twitter *Native Advertising* betreiben. In dieser Arbeit soll jedoch davon ausgegangen werden, dass eine Werbung erst dann einen nativen Charakter erhält, sofern eine Beratung oder Anpassung bezüglich des Kampagneninhalts durch den späteren *Publisher* stattgefunden hat. Der *Publisher* kennt seine Zielgruppe

---

[45] Vgl.: ebd.
[46] Vgl.: bdzv.de, „Native Advertising: Optionen für Zeitungsverlage", Abrufdatum: 21.06.2016, S. 15
(https://www.bdzv.de/fileadmin/bdzv_hauptseite/markttrends_daten/BDZV-Reader_Native_Advertising.pdf)

und die Ziele seines Mediums selbst am besten und kann so den Grad der *Nativität* des Inhalts beurteilen und beeinflussen. In den sozialen Medien können *User* im Rahmen von z. B. *Sponsored Stories* (Facebook) oder Promoted Tweets (Twitter) Inhalte jeglicher Art einstellen, solange diese nicht gegen die guten Sitten oder die allgemeinen Geschäftsbedingungen des Anbieters verstoßen. In dieser Arbeit soll jedoch nur die vom *Publisher* kreierte oder geprüfte Variante des Native Advertisings als wirklich nativ betrachtet werden.

2.3 Content Marketing und Content-Strategie

Der Begriff *Content Marketing* gehört seit einigen Jahren ebenfalls zu den sogenannten „Buzzwords" (z. Dt. Branchen-Schlagwort) der Kommunikationsbranche. *Content Marketing* umfasst kanalunabhängig alle Marketingmaßnahmen, bei denen die Vermarktung von Inhalten im Fokus steht.[47] Klassisches Marketing bewirbt das Produkt mittels Anzeigen, Bannern oder Werbespots „laut" und unmittelbar. *Content Marketing* dagegen setzt auf für die Zielgruppe zugeschnittene nutzwertige und/oder unterhaltsame Informationen rund um das Produkt. Das werbetreibende Unternehmen soll mit Hilfe des *Content Marketings* als Experte seines Themengebiets etabliert werden. *Content Marketing* kann beispielsweise in Form von *Tutorials*, Ratgeberseiten oder Lexika und Artikeln umgesetzt werden.[48]

Des Weiteren kann die absatzfördernde Maßnahme sowohl als *Push-* als auch als *Pull-Marketing* durchgeführt werden. Werden Inhalte zum Beispiel über *Sponsored Posts* via Facebook direkt an die Zielgruppe geliefert, handelt es sich um *Push-Marketing*. Anders als klassische Medienhäuser hat Facebook die Möglichkeit, seinen Nutzern vom Kunden bezahlte Inhalte anzuzeigen, ohne dass der Nutzer nach dem jeweiligen Inhalt gesucht hat. Dieser Umstand der Unfreiwilligkeit macht in diesem Beispiel den Push-Charakter der Maßnahme aus.

Im Rahmen des *Pull-Marketings* hingegen werden Inhalte auf unternehmenseigenen Plattformen präsentiert oder unbezahlt auf fremden Kanälen (Facebook) veröffentlicht.[49] Um diese Inhalte zu konsumieren, muss der Nutzer selbst nach den für ihn nutzwertigen Informationen suchen. Er wird von den qualitativ hochwertigen Inhalten „angezogen". Bei nativen Artikeln ist dies ähnlich. Veröffentlichen Medienunternehmen auf ihren Plattformen von Kunden finanzierte Artikel, muss der Leser ebenso gezielt nach den Inhalten des Artikels

---

[47] Vgl.: Goodman et al., 2013, S. 14
[48] Vgl.: Kubitzki, 2015, S. 4
[49] Vgl.: gruenderszene.de, „Pull Marketing", Abrufdatum: 22.06.2016
(http://www.gruenderszene.de/lexikon/begriffe/pull-marketing)

suchen oder sich von entsprechenden *Teasern* auf der Medienseite so sehr angesprochen fühlen, dass er freiwillig auf den Artikel klickt. Für Medienunternehmen, die *Native Advertising* anbieten, ist es also wichtig, diese Pull-Mechanismen zu nutzen. „Grundsätzlich ist native sehr stark Pull-orientiert", bestätigt auch Yunfeng Cui, Gruner + Jahr Werbeexperte, „ich mache ein Angebot, einen *Teaser*, und versuche, die Leute in den Text reinzuziehen".[50]

Doch auch *Content Marketing* ist in Wahrheit nicht neu. Eines der frühesten Beispiele für funktionierendes Inhalte-Marketing soll die Zeitschrift „The Furrow Magazine" von John Deere aus dem Jahr 1895 sein. Ziel dieser Zeitschrift war es, so wirkte es zumindest auf den Leser, Bauern über neue Technologien und Methoden zu informieren – und nicht, die Produkte von John Deere zu verkaufen. Ebenso bot auch der Spielzeugproduzent Lego bereits in den Neunziger Jahren nützliche Informationen rund um seine Produkte im Internet an.[51] Der Begriff *Content Marketing* lässt sich auf den Gründer des Marketing Instituts Joe Puluzzi zurückführen, der diesen Begriff 2007 prägte und definierte:

„Content marketing is a strategic marketing approach focused on creating and distributing valuable, relevant, and consistent content to attract and retain a clearly-defined audience — and, ultimately, to drive profitable customer action."[52]

Um das Wissen um die Vorteile und Wirkweisen des *Content Marketings* wirtschaftlich effizient zu nutzen, bedarf es der Entwicklung einer zielgruppenspezifischen Content-Strategie. Diese gibt vor, wie Inhalte geplant, erstellt und publiziert werden sollen. Der Inhalt (*Content*) soll bestimmte Zwecke erfüllen und wird darauf abgestimmt. Inhalte werden für eine bestimmte Umgebung kreiert und zu bestimmten Zeitpunkten veröffentlicht.[53] Zweckerfüllung des Einsatzes von strategisch gut platziertem *Content* kann zum Beispiel die Beeinflussung der Kaufentscheidung des Kunden sein. Heute informieren sich Kunden im Internet häufiger und intensiver denn je, bevor sie einen Kauf tätigen, weshalb hier die Informationsqualität der Kundenkommunikation immer wichtiger wird.[54] Nach SCHACH wird die *Content-Strategie* folgendermaßen definiert:

---

[50] Anhang, Experteninterview, S. 7
[51] Vgl.: takeoffpr.com, „Was ist Content Marketing überhaupt?", Abrufdatum: 22.06.2016 (https://www.takeoffpr.com/blog/was-ist-content-marketing)
[52] contentmarketinginstitute.com, „What is content marketing?", Abrufdatum: 22.06.2016 (http://contentmarketinginstitute.com/what-is-content-marketing/)
[53] Vgl.: onpage.org, „Content Strategie", Abrufdatum: 22.06.2016 (https://de.onpage.org/wiki/Content_Strategie)
[54] Vgl.: Schach, 2015, S. 72

„Eine Content-Strategie ist ein Handlungsleitfaden, der konzeptionelle, strukturelle und taktische Planungen für die Kommunikation von Themen und Inhalten für alle internen und externen Plattformen festlegt."[55]

2.4 Zusammenhang zwischen Native Advertising und Content Marketing

Native Advertising und *Content Marketing* stehen zwar in einem engen Verhältnis zueinander, müssen aber dennoch klar abgegrenzt werden. *Content Marketing* beschreibt die Kreation von relevanten Inhalten, um die Konsumenten für die Marke zu gewinnen. Diese Art der inhaltsgetriebenen Absatzförderung soll die Kunden bestenfalls nachhaltig an die Marke binden. *Native Advertising* hingegen ist eine bezahlte Medialeistung, ein Anzeigenformat, das in Form, Funktion und an die inhaltlichen und optischen Lesergewohnheiten angepasst in das Trägermedium eingearbeitet wurde.[56] Gutes *Content Marketing* liefert somit die Inhalte für gutes *Native Advertising*.[57] Ein gutes *Content-Marketing*-Konzept müsse *Native Advertising* als Vertriebsform verstehen. Über Sie wird die nötige Reichweite für das Content Marketing geschaffen, glaubt auch G+J *Media-Sales*-Experte Yunfeng Cui. *Native Advertising* sei das Scharnier, also die passende Form, um *Content Marketing* eine Bühne zu bieten. Für Cui stellt sich beim *Content Marketing* die Frage, wie man den Artikel des Kunden nach erfolgreicher Produktion innerhalb digitaler Plattformen am besten ausspielen könne. *Native Advertising* sei die passende Werbeform dazu.[58]

2.5 Zusammenhang zwischen Storytelling und Content-Strategie

„Hilfreich für die Vermittlung von *Content* und an vielen Stellen bereits überzeugend genutzt werden die Prinzipien des *Storytellings*"[59], schreibt SCHACH im Zusammenhang mit der Funktionsweise und Definition der *Content-Strategie*. *Storytelling* zu beherrschen sei die Fähigkeit, Geschichten gut und spannend zu erzählen. Die Erzählform mache wichtige Informationen besser verständlich, unterstütze langfristig das Lernen und Mitdenken der

---

[55] Vgl.: Schach, 2015, S. 73
[56] Vgl.: Kubitzki, 2015, S. 5
[57] Vgl.: Goodman et al., 2013, S. 34
[58] Vgl.: Anhang, Experteninterview, S.7
[59] Vgl.: Schach, 2015, S. 73

Beteiligten, fördere die geistige Beteiligung und hebe die Kommunikation somit auf eine neue Stufe der Qualität.[60]

Geschichten in der Werbung werden mit dem Ziel erzählt, „das klare und einzigartige Vorstellungsbild von der Marke in den Köpfen der Konsumenten aufzubauen und dauerhaft zu entwickeln"[61]. Hierbei geht es um den Aufbau des sogenannten Markenimages. Diese durch *Storytelling* geweckten Vorstellungen führen laut HERBST dazu, die Marke schnell zu erkennen, sie von anderen zu unterscheiden und dadurch vorzuziehen.[62]

Im Content Marketing habe *Storytelling* laut LÖFFLER nun auch online die Macht, „direkt in die Herzen und Hirne der *User* einzudringen".[63] Für LÖFFLER geht es im *Content Marketing* hauptsächlich um den Mehrwert der Information für den Nutzer: „Eine Kundenansprache, bei der die Werbeaussage dezent im Hintergrund steht und die mit fesselnden Inhalten und sympathisch aufbereiteten Informationen arbeitet, bietet den Usern nicht nur einen Mehr-, sondern auch einen Unterhaltungswert".[64] Laut einer Adobe-Studie vom Juni 2013 werde Online-Werbung für 73 % der Verbraucher erst dann interessant, wenn sie nicht nur ein Produkt verkauft, sondern eine originelle Geschichte erzählt.[65]

---

[60] Vgl.: Schach, 2015, S. 15
[61] Herbst, 2014, S. 24
[62] ebd.
[63] Löffler, 2014, S. 313
[64] Löffler, 2014, S. 314
[65] Vgl.: adobe-newsroom.de, „Adobe-Studie: Online Werbung hinkt hinterher", Abrufdatum: 02.07.2016
(www.adobe-newsroom.de/2013/06/12/adobe-studie-online-werbung-hinkt-hinterher/)

3. Bestimmung des Forschungsgebiets

3.1 Forschungsfrage

Nach der Lektüre der erläuterten Problemstellung sowie der Einordnung in den historischen und branchenspezifischen Kontext lassen sich diverse Aspekte des Themengebiets Native Advertising herausfiltern, die in dieser Arbeit näher untersucht werden sollen. Basierend auf der eingangs gegebenen Typisierung und Eingrenzung der Eigenschaften des Phänomens soll erörtert werden, was Medienunternehmen für den langfristigen wirtschaftlich erfolgreichen Umgang mit Native Advertising beachten müssen. Es wird folgende Forschungsfrage formuliert:

> ➢ Welche konkreten Handlungsempfehlungen kann die vorliegende Untersuchung Medienunternehmen für den wirtschaftlich erfolgreichen Einsatz von Native Advertising geben?

3.2 Subforschungsfragen

Während der Recherche zu dieser Arbeit stellte sich heraus, dass die vielen Aspekte, die es bei dem Thema Native Advertising zu beachten gilt, es sinnvoll machen, die Hauptforschungsfrage in einige Teilbereiche aufzugliedern. Folgende Subforschungsfragen wurden lokalisiert:

> ➢ Welches Medienunternehmen bietet Native Advertising in Deutschland bereits wie an? Was kann am Native-Advertising-Angebot deutscher Medienunternehmen verbessert werden?
>
> ➢ Wie wirkt Native Advertising im Vergleich zu klassischer *Bannerwerbung* auf den Leser? Können aus der Werbewirkung Rückschlüsse für den Einsatz der Angebote gezogen werden?
>
> ➢ Was sind die Besonderheiten beim Einsatz von Native Advertising im Bereich mobile?
>
> ➢ Wie sollte Native Advertising gekennzeichnet werden? Was muss aus rechtlicher Perspektive berücksichtigt werden und wie kann dabei die Erhaltung der Glaubwürdigkeit der Medienmarke gewährleistet werden?
>
> ➢ Aspekte der Personalentwicklung: Wer sollte im Unternehmen für die Erstellung von nativen Artikeln verantwortlich sein?

➢ Wie steht es um das Umsatzpotenzial von Native Advertising? Lohnt sich das Schaffen von Angeboten für Medienunternehmen überhaupt?

➢ Wie steht es um das Verhältnis von Chancen zu Risiken beim Einsatz von Native Advertising?

3.3 Abgrenzung

Diese Arbeit beschäftigt sich nicht explizit mit medienethischen Fragen rund um die Trennung von Redaktion und Werbung sowie den zunehmenden Einfluss von Werbekunden auf redaktionelle Erwägungen. Sie streift das Thema nur dort, wo dem Medienunternehmen ein wirtschaftlicher Schaden aus einer unzureichenden Kennzeichnung der Werbemischform erwächst. Dreh- und Angelpunkt der Untersuchung ist also vorrangig die Frage, ob und wie der Einsatz von Native Advertising nachhaltig für das Medienunternehmen zu einem wirtschaftlichen Erfolg werden kann. Die Zufriedenheit des Lesers mit dem Angebot ist mit dieser Fragestellung eng verbunden, wenn ein „sich-getäuscht-fühlen" zu rückläufigen Besucherzahlen der jeweiligen Angebotsseite führt. Diese rückläufigen *Traffic*zahlen würden langfristig dazu führen, dass der Werbewert der Webseite sinkt, was einen geminderten Erfolg bedeutet.

Hauptteil

4. Fallstudien und explorative Forschung

Die Suche nach Erkenntnis rund um das Thema „Einsatz von Native Advertising durch deutsche Medienunternehmen" kann dem Bereich der explorativen Forschung zugeordnet werden. Anwendung findet diese meist bei unbekannten Forschungsbereichen, in denen es bis zum Zeitpunkt der geplanten Untersuchung nur vage Annahmen gibt.[66] Der Forschungsstand rund um das Thema *Native Advertising* ist aufgrund der Neuartigkeit der Werbeform noch nicht sehr umfangreich, was sich an der Existenz einer nur sehr kleinen Auswahl wissenschaftlicher Literatur zum Thema festmachen lässt. Nach EISENHARDT eignen sich Fallstudien besonders zur Untersuchung neuer und wenig bearbeiteter Fragestellungen.[67] Mit der Erstellung dieser Fallstudien sollen deshalb im Folgenden Antworten auf die Subforschungsfragen „Welche Medienunternehmen bieten *Native Advertising* in Deutschland bereits wie an?" und „Was kann am Angebot noch verbessert werden?" gefunden werden. Hierfür werden im ersten Schritt die Native-Advertising-Angebote verschiedener deutscher Medienunternehmen deskriptiv dargestellt, um sie dann im zweiten Analyse-Schritt auf positive und negative Aspekte des Angebots zu überprüfen. Aus dem Vergleich der Offerten und durch die Herausstellung der erfolgreichsten unter ihnen sollen allgemeine Handlungsempfehlungen für deutsche Medienunternehmen abgeleitet werden.

Dieses Verfahren wurde ausgewählt, da aus der Erforschung eines Einzelfalles keine allgemein gültigen Aussagen geschlussfolgert werden können. In der Forschung nennt man dieses Phänomen auch das „Problem der Induktion". Die Fallstudien hingegen fokussieren darauf, „Variablen zu operationalisieren, Theorien oder Hypothesen zu präzisieren und diese anhand von praktischen Beispielen zu verdeutlichen".[68]

Nach ZAUGG kann diese Vorgehensweise als Bewertungsfall kategorisiert werden. Der Bewertungsfall stellt mehrere mögliche Handlungsalternativen vor, welche vom Untersuchungsgegenstand ausgehend (Unternehmung, Person oder Personengruppe) entwickelt und anschließend bewertet werden. Der Fall enthält somit auch Bewertungskriterien und Hinweise zu deren Gewichtung.[69]

---

[66] Vgl.: bwl-wissen.net, „Explorative Forschung", Abrufdatum: 26.06.2016
(http://www.bwl-wissen.net/definition/explorative-forschung)
[67] Vgl.: Eisenhardt, 1989, S. 532
[68] Kromrey, 1991, S. 426 ff.
[69] Vgl.: epub.sub.uni-hamburg.de, „Diskussionspapier Nr. 8", S. 4, Abrufdatum: 03.08. 2016
(http://epub.sub.unihamburg.de/epub/volltexte/2010/5594/pdf/WHL_Diskussionspapier_Nr_08.pdf)

4.1 Native-Advertising-Angebote bei Gruner + Jahr

Auf gujmedia.de, der Vermarktungsplattform des Verlags, stellt Gruner + Jahr sein breites Angebotsspektrum digitaler Werbe-Redaktions-Mischformen vor. Unter dem *Navigations-punkt* Online -> Integrationen lässt sich eine so große Zahl von Möglichkeiten der Platzierung der Werbekundenmarke im redaktionellen Umfeld finden, dass der Suchende schnell den Überblick verliert: „*Advertorial, eBooklet, eBooklet* XL, Fotowettbewerb, Gewinnspiel, Multiple Brand*Booklet*, Premium Themenrubrik, Premium-Partnerschaft, Rezeptintegration, *Sponsored Channel, Sponsored Content, Sponsored Post, Stand Alone Newsletter*, Themensponsoring, *Influencer Marketing, Word-of-Mouth Marketing*, Produkttest."[70] Nicht sofort ersichtlich wird hier, welche Integrationen dem Bereich Native Advertising zugeordnet werden können. Es scheint also auch bei Gruner + Jahr ein Begriffs- und Definitionschaos im Umgang mit Redaktionsmischformen zu geben (vgl.: S. 11). „Die Bandbreite (der Angebote, Anm. d. Verf.) ist sehr groß, manchmal vielleicht zu groß", bestätigt auch der für die Abteilung Electronic *Media Sales* (G+J e|MS) Verantwortliche Yunfeng Cui. Nach seiner persönlichen Definition von Native Advertising gefragt, antwortet Cui, dass es für ihn primär immer um an das Medium und an den Nutzer- oder das Nutzerprofil angepasste Werbung ginge. „Früher bei *Print* hieß das *Advertorial* oder *Promotion*", erläutert der Experte seine Sicht auf die innovative Werbeform. Im Digitalen sei das *Advertorial* später Integration genannt worden. „Es gibt verschiedene Namen für ähnliche Dinge, die es auch früher schon gab", bestätigt er die Annahme, dass bei den Begrifflichkeiten bis heute eine gewisse Verwirrung beziehungsweise eine fehlende Standardisierung vorherrscht.[71] Auf die Frage, wie Native Advertising im Hause Gruner + Jahr formal ausgestaltet werde, antwortet Cui, dass im Digitalen im Grunde alles möglich sei. Der Einsatz von Text über Video bis hin zur Bildstrecke oder alles miteinander kombiniert sei machbar. G+J e|MS verfüge über unterschiedliche Formate, zum Beispiel den *Sponsored Post*, also einen Textartikel samt Bild. Aber auch eine Bildstrecke, genannt *Sponsored Gallery*, sei buchbar, ebenso ein sogenannter *Sponsored Showroom* (z. B. für Mode) oder *Sponsored Videopost* (audiovisuelle Medien). Alle Formate folgten dem gleichen Prinzip, denn sie würden immer den auf der jeweiligen Medienseite befindlichen Inhalte-Stücken nachempfunden werden. Bei dem Magazin „Essen und Trinken" wäre zum Beispiel auch ein Sponsored Rezept denkbar. Für Cui bildet der Begriff Native Advertising die Überkategorie der angebotenen *Sponsored Post*s, Gallerys, Showrooms, oder Videoposts.[72] Nach eingehender Recherche lassen sich diese von Cui benannten Formate auf gujmedia.de unter Online ->

---

[70] Vgl.: gujmedia.de, „Integrationen", Abrufdatum: 27.06.2016 (http://www.gujmedia.de/online/integrationen/)
[71] Vgl.: Anhang, Experteninterview, S. 1
[72] Vgl.: Anhang, Experteninterview, S. 2

Integrationen -> *Sponsored Content* entdecken. Hier taucht zum ersten Mal auch der Begriff „nativ" auf.

Generell gilt laut Webseite für alle Sponsored-Content-Formate im Hause Gruner + Jahr:

- Die Markenpräsenz des Kunden wird nativ gestaltet
- Sponsored-Content-Formate integrieren die Themen des Kunden „nahtlos" in die redaktionellen Angebote
- Diese nativen Integrationslösungen bestehen aus *Landingpages* (z. Dt.: Landeseiten) hinsichtlich Aussehen und Anmutung der gebuchten Medienmarke entsprechen
- Die Informationen werden zusätzlich auf einer Übersichtsseite gebündelt[73]

Der *Sponsored Content* wiederum wird bei Gruner + Jahr in die von Cui bereits erwähnten Formate aufgegliedert. Ein weiterführender Link in der entsprechenden Rubrik führt zu dem Angebots-*Booklet* mit dem Titel „Unsere neuen *Sponsored Content* Formate/Native-Advertising-Lösungen für Ihre Zielsetzung". Auch wenn die eingangs erwähnten Integrationen wie „Fotowettbewerb" und „Gewinnspiel" im Grunde ebenfalls als *Native Advertising* betrachtet werden könnten – beide Formate könnten unabhängig von einer Marken-einbindung und rein redaktionell stattfinden – hier sollen nur die vom Verlag selbst tatsächlich als *Native Advertising* vorgestellten Angebote näher betrachtet werden. Je nach Art des Inhalts des nativen Artikels und der Kommunikationsziele des Werbekunden bietet Gruner + Jahr unterschiedliche vom Kunden zu bezahlende Lösungsvarianten an:

Sponsored Post: Eine *Promotion* in Form eines nativen Artikels samt spezieller Sponsored-Post-*Teaser* (z. Dt. Anreißer). *Storytelling* mit bis zu fünf *Content-Items* (z. Dt. Inhalts-Elemente, also Artikel, Galerien o. Ä.). Ein Rundum-Service wird angeboten. Das bedeutet, Inhalte werden von Gruner + Jahr hochwertig und für den Nutzer relevant umgesetzt.

Sponsored Showroom: Präsentation von Produkten im relevanten Umfeld in bis zu fünf verschiedenen Showroom-Galerien für Kundenprodukte (z. B. nach Thema oder Kategorie). *Onlineshop* des Kunden wird verlinkt, zusätzlich sind direkte Kaufanreize möglich (z. B. durch exklusive *Promotion* der gezeigten Produkte).

---

[73] Vgl.: gujmedia.de, „Sponsored Content", Abrufdatum: 28.06.2016 (http://www.gujmedia.de/online/integrationen/sponsored-content/)

Sponsored Videopost: *Webseiten* des Verlags dienen als Plattform für Video-Inhalte. Kreation von an Marke und Medium angepasste Inhalte zur Integration des Video-Contents durch Gruner + Jahr. Native Themenanreißer auf der *Homepage* des Mediums führen zu den Videoinhalten. Die Einbindung geschickt per *Youtube-Player*: *Videoviews* werden auf Youtube gezählt.

Sponsored Blogpost: Gruner + Jahr kreiert die Themenideen und lokalisiert den passenden *Social Influencer* (z. Dt.: „Beeinflusser", wie z. B. einen *Blogger* oder *Vlogger*). Für *Blog* und Medienmedium wird jeweils eine eigene Geschichte erdacht. Authentische, auf die Zielgruppe zugeschnittene Qualitätsinhalte bestehen in beiden Kanälen. Zusätzliche *Blogger*-Reichweite soll generiert werden.

Sponsored Produkttest: *Native Touchpoints* (z. Dt.: Kontaktpunkte mit dem Kunden) führen den Online-Leser zur Produkttest-Aktion und sorgen für Produkt-Interesse. Gruner + Jahr übernimmt die Abwicklung von Bewerbungsverfahren, Auswahl und Einladung der Tester sowie die Abschlussbefragung. Der Kunde erhält direkte Produktkritik von relevanten Konsumenten aus der affinen Leserschaft. Auswertung und Berichtswesen durch Gruner + Jahr.

Sponsored Survey (z. Dt.: Untersuchung): Erstellung nativer eingebetteter Umfragebögen zur Gewinnung von Einblicken in das Konsumentenverhalten. Beratung hinsichtlich Fragebogen-aufbau und Inhalt und umfangreiche Ergebnisaufbereitung durch Gruner + Jahr. Nachbericht-erstattung mit den Ergebnissen zum Ende der Untersuchung.[74] All diese Native-Advertising-Formate werden laut Gruner + Jahr konsequent mit „Anzeige" gekennzeichnet. Als Medienhaus wirbt Gruner + Jahr explizit mit der eigenen Inhalts-Expertise und bietet die eigene Erfahrung rund um die Kreation guter Geschichten für den Einsatz im *Storytelling* des Werbekunden auf den Seiten von Gruner + Jahr an. Sowohl thematische als auch gestalterische und technische Beratung wird angeboten, auch als *„Full Service"* bezeichnet. Alle Sponsored-Content-Formate lassen sich gegen Aufpreis laut Medienhaus auf alle *mobile Devices* (Mobiltelefone, IPads etc.) erweitern.

---

[74] Vgl. : gujmedia.de, „Unsere neuen Sponsored Content Formate – Native Advertising Lösungen für Ihre Zielsetzungen",
S. 2ff., Abrufdatum: 02.08.2016
(http://www.gujmedia.de/fileadmin/redaktion/Service/Deutsch/Newsletter/gujmedia/sept_2015/Sponsored-Content.pdf)

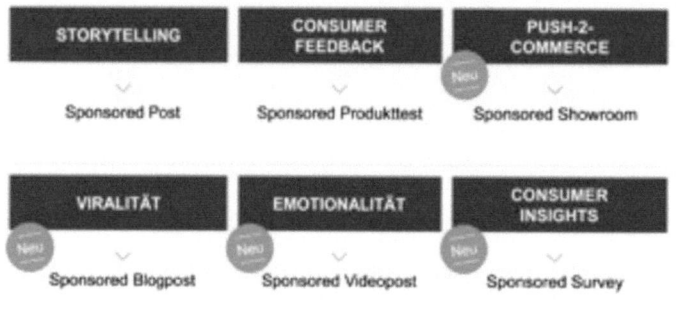

Abbildung 5: Native Advertising wird bei Gruner + Jahr in verschiedene „Sponsored Content"-Formate untergliedert. Quelle: gujmedia.de, „Integrationen", Abrufdatum: 27.06.2016 (http://www.gujmedia.de/online/integrationen/)

4.2 Native-Advertising-Angebote bei Axel Springer

Im Rahmen eines Experteninterviews im Juni 2013 machte der bei der Bild-Zeitung als News-*App*-Entwickler arbeitende Jan Thiele schnell klar, „dass der eigentliche Begriff Native Advertising bei der Bild-Zeitung zur Zeit noch keine Rolle spielt".[75] Zu diesem Zeitpunkt konzentrierte sich die Bild-Zeitung im Bereich *mobile* noch fast zu hundert Prozent auf reine Displaymodelle. Werbung bei der Bild konnte laut Thiele also noch nicht als nativ bezeichnet werden.[76]

Erst im August 2015 – über zwei Jahre später – vermeldete der Branchendienst „Werben und Verkaufen": „Unter dem Dach von Media Impact bieten die drei Axel-Springer-Marken „Bild", „Die Welt" und „finanzen.net" Unternehmen ab sofort zwei verschiedene Möglichkeiten für die Vermarktung ihrer Produkte". Die sogenannte *„Brand Story"* bereite werbliche Botschaften durch *Storytelling* mit Hilfe von Text („Text Story") oder bildlichen Darstellungen („Visual Story") auf. Laut Artikel lag der Unterschied zu dem sogenannten *Display Advertising* darin, dass Native Advertising erst ein Thema behandle und dann zum Schluss auf ein bestimmtes Produkt hinweise.[77]

---

[75] Vgl.: Goodman et al., 2013, S. 102
[76] Vgl.: Goodman et al., 2013, S. 103
[77] Vgl.: wuv.de, „Brand-Story: Media Impact startet neue Native Advertising Kampagne", Abrufdatum: 28.06.2016 (http://www.wuv.de/medien/brand_story_media_impact_startet_neue_native_advertising_initiative)

Im Juni 2016 findet sich auf Springers Vermarktungsplattform mediaimpact.de unter dem *Navigationspunkt* Medien-Portfolio -> Digital -> Native Advertising das klar verständlich ausgeschriebene Angebot: „Native Advertising Solutions von Media Impact". Media Impact definiert Native Advertising hier folgendermaßen:

„Native Advertising besteht aus zwei Säulen: Integrativem *Content* und Native Ads zur *Traffic*zuführung. Es handelt sich dabei nicht um Produktwerbung, sondern um bezahlten Inhalt. Dieser enthält einen inhaltlichen Mehrwert, den der *User* gerne shared, liked und kommentiert. Jede Form von Native Advertising ist durch das Wort „Anzeige" vom redaktionellen *Content* der Website unterscheidbar. Für Media Impact liegt der Schwerpunkt auf dem Inhalt, der Relevanz und der Qualität. Werbekunden erhalten somit ein vertrautes Qualitätsumfeld, das einen echten Mehrwert für die Nutzer Ihrer Zielgruppe darstellt."[78]

Axel Springer bietet nur ein einziges Native-Advertising-Produkt an: Die *Brand Story*. Laut Axel Springer steht die *Brand Story* für:

- Keine Produktwerbung, sondern redaktionell gestalteten *Content*
- Inhaltlichen Mehrwert
- Mediennutzer, die zum *Sharen*, *Liken* und Kommentieren animiert werden
- Eine Geschichte in Erzählstil und Optik der Springer-Objekte
- Die Einbindung der Kundenmarke in die Geschichte
- Nutzung der journalistischen Expertise zur Begeisterung der *User* für die Themen
- Textliche oder visuelle Integration
- Inhalt, Relevanz und Qualität
- Eine Anzeigenkennzeichnung, die die Unterscheidbarkeit von redaktionellen Inhalten garantiert [79]

In den Verkaufsunterlagen zum Produkt wirkt das Medienhaus Axel Springer einer möglichen Verwirrung im Umgang mit Begrifflichkeiten rund um seine integrative Werbeformen entgegen, indem eine klare Abgrenzung zum *Display Advertising* vorgenommen wird. Beim *Display Advertising* habe der Kunde die 100 % Hoheit über die Inhalte und das Aussehen des *Advertorials* oder des Storytorials. Beim *Native Advertising* wird das Aussehen der Text- oder Visualstory der Medienseite angepasst, die Inhalte werden gemeinsam erarbeitet und von der

---

[78] Vgl.: mediaimpact.de, „Native Advertising Solutions von Media Impact", Abrufdatum: 26.06.2016
(http://www.mediaimpact.de/artikel/Native-Native-Advertising-Solutions-von-Media-Impact_24043418.html)
[79] Vgl.: mediaimpact.de , „Native Advertising Solutions von Media Impact", S.3, Abrufdatum: 26.06.2016
(http://www.mediaimpact.de/dl/20280629/Native-Advertising-Solutions_BILD_WELT_FIN-NET_Final_neu.pdf)

zuständigen Abteilung des Medienhauses umgesetzt. Beide Werbeformen werden mittels der folgenden Abbildung erklärt:

Abbildung 6: Media Impact nimmt eine Begriffsdefinition vor. Quelle: mediaimpact.de, „Native Advertising Solutions von Media Impact", S. 3, Abrufdatum: 26.06.2016 (http://www.mediaimpact.de/dl/20280629/Native-Advertising-Solutions_BILD_WELT_FIN-NET_Final_neu.pdf)

Auch den Unterschied zwischen Online-*Advertorial* und *Native Advertising* definiert Axel Springer für sich und seine Kunden. *Native Advertising* beinhalte keine offensichtliche Produkt-darstellung. Der Artikel behandle eine bestimmte Thematik und erzähle eine Geschichte, die in Absprache mit dem Kunden entwickelt werde. Das Konstrukt *Native Advertising* bestünde aus einem redaktionell anmutenden *Teaser* und einer Textstory. Auch bei Axel Springer sei die Brand-Story ebenso im Rahmen sämtlicher mobiler Devices ausspielbar.[80]

Die Hinführung zu einem *Advertorial* hingegen erfolge mittels einer klassischen *Display Ad*. Inhalt und Aussehen des *Advertorials* würden allein vom Kunden bestimmt. Innerhalb dieser Werbeform könnten Produkte anders als beim *Native Advertising* auch prominent platziert werden.[81]

---

[80] Vgl.: ebd. S. 8 ff.
[81] Vgl.: ebd. S. 6

4.3 Native-Advertising-Angebote bei Hubert Burda Media

Christoph Schuh, zur Zeit des Interviews für Tomorrow Focus Publishing (wurde im Juli 2015 umbenannt in Burda Forward Ad Group) tätig und Chef des Arbeitskreises Digitale Medien beim Verband Deutscher Zeitschriftenverleger, erkannte bereits im März 2014 das Potenzial von *Native Advertising* für deutsche Verlage. Zu diesem Zeitpunkt schätzte er, dass 2016/2017 etwa 10 bis 20 % der Werbeerlöse mit *Native Advertising* erbracht würden.

Bereits im Oktober 2013 wurde Hubert Burda Media Medienpartner der deutschen HuffingtonPost.[82] Die amerikanische Huffington Post gehörte zu diesem Zeitpunkt längst zu den Vorreitern in Sachen Refinanzierung durch *Native Advertising*.[83]

Im Gegensatz zum amerikanischen Native-Advertising-Markt sei der deutsche, so Schuh im Interview 2014, zu diesem Zeitpunkt noch kaum erschlossen gewesen.[84] Viele Verleger befürchteten damals durch das Angebot von *Native Advertising* einen Schaden für ihre Marke, schielten laut Schuh aber dennoch auf die potenziellen Erlöse.[85]

Bereits im August 2014 waren Schuhs Vorstellungen zur Umsetzung von Native-Advertising - Angeboten im eigenen Haus dann konkreter: „Wir sehen zwei langfristige Entwicklungen im digitalen Advertising", gab er in einem Interview gegenüber meedia.de zu Protokoll. „Einerseits weltweit standardisierte, über Realtime Advertising (z.Dt.: „Werbung in Echtzeit") buchbare Werbeformen für Performance- oder Brand-Performance-Zwecke (z.Dt.: „Auftritt der Marke")", so Schuh. Hier seien Google, Facebook und zunehmend auch Amazon die großen globalen Spieler. „Daneben suchen Werbungtreibende zur Inszenierung ihrer Marken nach contentnahen und exklusiven Werbemöglichkeiten und hochwertigem Video-Inventar", glaubte Schuh und sah hier auch für Tomorrow Focus Media zunehmend eine Chance *„Taylormade Advertising"* anzubieten. Schuh betonte, dass der strategische Partner HuffingtonPost in den USA bereits beweise, dass mit *Content* Marketing, *Native Advertising* und Video-Werbung rund 50 % der Erlöse von Premium-Portalen zu erzielen seien.[86]

Im Oktober 2014 feierte der Burda-Partner Huffington Post sein einjähriges Jubiläum in Deutschland und Chefredakteur Sebastian Matthes verkündete: „Wir erleben derzeit einen enormen Ansturm auf *Native Advertising*." Die Huffington Post werde in Deutschland bereits als Pionier in dem Feld wahrgenommen, so Matthes weiter. Weltweit mache die „HuffPo"

[82] Vgl.: welt.de, „Huffington Post wählt Burda-Tochter als Partner", Abrufdatum: 29.06.2016
(http://www.welt.de/wirtschaft/webwelt/article115704222/Huffington-Post-waehlt-Burda-Tochter-als-Partner.html)
[83] Vgl.: meedia.de, „Welche digitalen Themen Verleger jetzt auf dem Schirm haben müssen", Abrufdatum: 29.06.2016
(http://meedia.de/2014/03/24/welche-digitalen-themen-verleger-jetzt-auf-dem-schirm-haben-muessen/)
[84] ebd.
[85] ebd.
[86] meedia.de, „Wir glauben fest an eine neue Ära für Content Portale", Abrufdatum: 28.06.2016
(http://meedia.de/2014/08/11/wir-glauben-fest-an-eine-neue-aera-fuer-innovative-content-portale/)

schon ein Drittel des Werbeumsatzes mit dieser Weiterentwicklung der *Advertorials* – Tendenz stark steigend. Beim deutschen Ableger schwanke der Anteil zwischen 20 und 30 %.[87]

Im Juni 2016 bezeichnet sich Burda Forward auf seiner eigenen *Homepage* bereits als „führenden digitalen *Publisher* in Deutschland und Vorreiter im *Native Advertising*".[88]

Auch auf Hubert Burda Medias Vermarkterplattform burda-forward.de lassen sich die Native-Advertising-Angebote schnell und direkt in der Navigationsleiste unter Advertising -> Produkte -> Native Advertising finden. Als erster Punkt auf der *Navigationsleiste* steht *Native Advertising* hier sogar buchstäblich im Vordergrund. Die Produkte werden – wie bei Gruner + Jahr und auch bei Axel Springer – in einem eigenen *Booklet* aufgelistet. Der Titel „Native Integrations-möglichkeiten – So individuell wie Nutzer, Medienmarke und Kunde" vermischt die Begriffe *Native Advertising* und Integration. Burda Forward definiert *Native Advertising* laut *Booklet* als „redaktionelle Expertise ergänzt um die Markenbotschaft":

„Wir verbinden die *USP*s des *Publisher*s mit der Markenbotschaft des Werbekunden! So schaffen wir einen inhaltlichen Zusammenhang zwischen redaktioneller und werblicher Botschaft mit einem stimmigen Gesamtbild und Nutzwert für den *User*".[89]

Die nativen Integrationen werden bei Burda in „Native Brand Specials" und „Sponsored Articles" unterteilt. Die Native Brand Specials wiederum werden in *Brand Page* Mini und *Brand Page*, *Brand Hub* und *Brand Hub* Premium gegliedert. Das bedeutet für das einzelne Format:

Sponsored Article: Der Artikel mit der Werbebotschaft wird von Burda auf die Zielgruppe der Medienmarke passend optimiert. Die Tonalität des Kundeninhalts wird der Medienmarke angepasst. Eine Kennzeichnung erfolgt als „Partnerinhalt" oder „*Sponsored Post*". Native Anreißer in der Optik der Medienmarke oder Social-Media-Beiträge sowie Newsletter führen den Leser zum Artikel.

***Brand Page* Mini** und ***Brand Page*:** Artikelseiten in je nach Buchung variierender Länge, inhaltlich und thematisch auf den Kunden abgestimmter Inhalt in Optik der Medienmarke. Enge Abstimmung während der Erstellung der Inhalte. Kennzeichnung als „Partnerinhalt" oder „*Sponsored Post*". Native Anreißer in der Optik der Medienmarke oder Social-Media-Beiträge

---

[87] Vgl.: horizont.net, „HuffPo-Chefs Matthes und Jobatey: Liegen deutlich über dem Plan", Abrufdatum: 29.06.2016 (http://www.horizont.net/medien/nachrichten/HuffPo-Chef-Matthes-und-Jobatey-im-Interview-Liegen-deutlich-ueber-den-Planungen—130827)

[88] Vgl.: hubert-burda-media.de, Geschäftsfelder, Abrufdatum: 28.06.2016 (http://www.hubert-burda-media.de/geschaeftsfelder/digitalmarken-national/burdaforward/)

[89] Vgl.: hubert-burda-media.de, „Native Integrationsmöglichkeiten", S. 2, , Abrufdatum: 28.06.2016 (http://www.burdaforward.de/fileadmin/customer_files/public_files/downloads/Produkte/BF_NativeAdvertising_Produkte.pdf?PHPSESSID=8e24a77a1554c4af96a96a232c870e9d)

sowie Newsletter führen den Leser zum Artikel. Zusätzliche Display-Werbung. Eintrag des Artikels in der *Navigationsleiste*.

Brand Hub und **Brand Hub** Premium: Kundeninhalte werden mit redaktionellen Beiträgen als Special und bei Premium sogar auf einer eigenen Website präsentiert. Hohes Maß an Individualität für Premiumpartner. Enge Abstimmung während der Erstellung der Inhalte. Kennzeichnung als „Partnerinhalt" oder „*Sponsored Post*". Native Anreißer in der Optik der Medienmarke oder Social-Media-Beiträge sowie Newsletter führen den Leser zum Artikel. Display-Werbung zusätzlich. Eintrag des Artikels in der *Navigationsleiste*. Bei Premium zusätzlich eine „*Native Box*" auf Focus Online.[90]

Laut *Booklet* plant Burda Forward für die Zukunft auch das Angebot von Native-Advertising-Angeboten auf der Business-Netzwerk-Plattform Xing, bei TV Spielfilm, TV Today und der Ärtzeempfehlungsplattform jameda.[91] Daraus lässt sich schließen, dass sich Burda Forward in der Zukunft tatsächlich noch stärker auf das Angebot von *Native Advertising* spezialisieren wird.

4.4 Native-Advertising-Angebote bei der Frankfurter Allgemeinen Zeitung, der Süddeutschen Zeitung, Zeit Online, Handelsblatt und Wirtschaftswoche über den Vermarkter iq media

Wer nach digitalen Vermarktungsangeboten beim Zeit-Verlag sucht, wird schnell auf die Internetpräsenz der iq media weitergeleitet. Iq media hat es sich zur Aufgabe gemacht, der „Vermarkter für Leitmedien zu werden". Offenbar mit Erfolg, denn wer sich auf der Seite unter Digital -> Zeit Online umschaut, findet im Bereich Downloads ein *Booklet* zur „IQ *Content* Plattform".[92] Dieses *Booklet* beschäftigt sich gleich im Auftrag mehrerer namhafter Medienseiten mit dem Thema *Content Marketing*: FAZ.net, Süddeutsche.de, Zeit Online, Handelsblatt und Wirtschaftswoche. Auffällig ist, dass der Begriff *Native Advertising* im gesamten *Booklet* an keiner Stelle fällt, und das, obwohl die angebotenen Werbeformate der in dieser Arbeit eingangs aufgestellten Typisierung von *Native Advertising* entsprechen. Auch auf den Webpräsentationen der einzelnen Medienseiten nachgeschaut, beispielsweise bei süddeutsche.de, findet sich im Zusammenhang mit der kurzen Erklärung des Begriffs *Content Marketing* gerade einmal ein Hinweis auf die artverwandten *Advertorials*.[93]

---

[90] ebd. S. 6 ff
[91] ebd. S. 14
[92] Vgl.: iqm.de, „Keyfacts", Abrufdatum: 30.06.2016 (http://www.iqm.de/digital/marken/zeit-online/)
[93] Vgl.: sueddeutsche.de, „Ihre Marke – in Szene gesetzt auf Sz.de", Abrufdatum: 30.06.2016
    (http://sz-media.sueddeutsche.de/de/online/subchannel-sdde.html)

Laut Vermarktungs-*Booklet* definiert iq media *Content Marketing* wie folgt:

„Content Marketing will mit informierenden, beratenden und unterhaltenden Inhalten die Zielgruppe des Werbekunden ansprechen, um sie von seinen Leistungsangeboten oder der eigenen Marke zu überzeugen. Dies erreicht *Content Marketing* indem der Werbungtreibende als Experte, Berater und/oder Entertainer profiliert wird. *Content* Marketing orientiert sich in der Ansprache und der Thematik am (redaktionellen) Umfeld. Besonderheit des *Content Marketings* ist, dass nicht die positive Darstellung des eigenen Unternehmens im Mittelpunkt steht, sondern nützliche Informationen, weiterbringendes Wissen oder Unterhaltung. Inhalte im Sinne des *Content Marketings* können z. B. Texte, Bilder, Videos, *Podcasts* oder (Info-) Grafiken sein."[94]

Im Einzelnen bedeutet *Content Marketing* laut iq media für die Markenkommunikation des Kunden also:

- „Themen langfristig besetzen

- Inhalte aus Experten-Sicht kommunizieren

- Nähe inhaltlich und visuell zum Umfeld schaffen

- Glaubwürdigkeit und Akzeptanz erreichen"[95]

Des Weiteren fällt im Rahmen des Vermarktungsangebots durch iq media erstmals der Begriff „Skalierbarkeit". Da iq media mehrere Medienseiten vermarktet, ist nach Angabe des Anbieters das Bespielen mehrerer Websites mit ein und demselben Artikel möglich, was das Modell für den Kunden günstiger und für den Anbieter profitabler macht. Wie aufwendig dieser Prozess für iq media ist, wird jedoch nicht erläutert, weshalb keine tatsächliche Aussage über die Profitabilität getroffen werden kann.[96]

Zur Umsetzung der *Content-Marketing*-Kampagnen bietet iq media zwei unterschiedliche Pakete an:

Das Basis-Paket: Das Angebot gilt generell für alle Geräte (PC, *Tablet*, Mobiltelefon etc.), Basisbefüllung der Plattform mit vier Artikeln, dann ein weiterer je Woche inklusive Themen-

---

[94] Vgl.: iqm.de, „Verkaufsunterlagen iq Content Plattform", S. 2, Abrufdatum: 30.06.2016,
(http://www.iqm.de/fileadmin/user_upload/Medien/Online/Angebote/Verkaufsunterlagen_zu_Content_Marketing.pdf)
[95] Vgl.: ebd. S. 3
[96] Vgl.: ebd. S. 5

recherche, Planung und Konzeption über maximal drei Abstimmungsrunden mit dem Kunden. Integration von Bild- und Videomaterial, Erstellung von nativen und von der Redaktion überarbeiteten *Teasern*, um möglichst viele Leser in den Text zu ziehen. Monatliches Berichtswesen sowie daraus abgeleitete Handlungsempfehlungen. Beobachtung des *Kunden- channels*. Anbindung an *Social Media* und Beobachtung durch iq media. Laufzeit über drei Monate, Belegung von 1-5 *Webseiten* möglich.

Das Premium-Paket: Das Angebot gilt generell für alle Geräte (PC, *Tablet*, Mobiltelefon etc.), Basisbefüllung der Plattform mit vier Artikeln, dann fünf weitere je Woche inklusive Themenrecherche, Planung und Konzeption über maximal drei Abstimmungsrunden mit dem Kunden. Integration von Bild- und Videomaterial, Erstellung von nativen und von der Redaktion überarbeiteten *Teasern*, um möglichst viele Leser in den Text zu ziehen. Vornehmen der Anbindung an *Social Media* und Beobachtung durch iq media sowie Moderation von Nutzerkommentaren und die Belebung von Diskussionen auf der Kundenplattform und in den sozialen Medien. Laufzeit über drei Monate. Belegung von 1-5 *Webseiten* möglich.

Dass der Begriff „*Native Advertising*" bei iq digital auch im Zusammenhang mit dem Jugendmedienportal ze.tt nicht fällt, ist besonders verwunderlich. Im Juli 2015 war ze.tt gerade mit dem Ziel gegründet worden, einen passenden Rahmen für Native- Advertising-Formate zu schaffen, da man bei jungen Leuten aufgrund ihrer geringeren Skepsis gegenüber den neuen Medien eine höhere Akzeptanz für diese Werbeform vermutet. „Gemeinsam mit der iq digital wird ze.tt ab sofort mit der Vermarktung beginnen", hieß es im Oktober 2015 in einem meedia.de-Artikel der sich auf ze.tt-Redaktionsleiter Sebastian Horn berief. Neben Display- und Videoanzeigen sollten auf der Website gerade auch *Native Ads* eingesetzt werden. Horn kündigte in dem Artikel an, ein eigenes Team für diesen Bereich aufbauen zu wollen.[97] Inzwischen finden sich auf ze.tt tatsächlich sogenannte „*Sponsored Posts*", die den ze.tt- Artikeln bis auf die Kennzeichnung in Tonalität und Layout gleichen.[98]

---

[97] Vgl.: meedia.de, „Testphase ist beendet: ze.tt setzt auf Native Advertising und positive Geschichten", Abrufdatum. 30.06. 2016 (http://meedia.de/2015/10/20/die-testphase-ist-beendet-ze-tt-setzt-auf-native-advertising-und-positive-geschichten/)
[98] Vgl.: ze.tt.de, „Werbeformen auf ze.tt", Abrufdatum: 27.07.2016
(http://ze.tt/werbung-auf-ze-tt/)

4.5 Native-Advertising-Angebote beim SPIEGEL-Verlag

Auf der *Homepage* des SPIEGEL-Vermarkters SPIEGEL QC lassen sich die Native-Advertising-Angebote am einfachsten über die Eingabe des Begriffs in die Suchmaske finden. Diese beziehen sich hauptsächlich auf das Jugendmedienportal bento, das im Oktober 2015 als Konkurrenzprodukt zu u. a. ze.tt gegründet wurde.[99] Mit dem ersten nativen Artikel auf bento im November 2015 wurde erneut eine Debatte um den Glaubwürdigkeitsverlust großer Medienhäuser durch derartige *Kampagnen* ausgelöst.[100] Wohl auch, weil gerade Mitarbeiter des SPIEGEL in der Vergangenheit besonders kritisch über das Thema Werbe-Redaktions-mischform berichteten.

Laut SPIEGEL QC gibt es bei bento einen Native-Advertising-Redakteur, der die Kampagnenideen in Abstimmung mit den Kunden umsetzt. Auch bento hat ein dazu passendes Vermarkter-*Booklet* mit dem Titel: „*Native Advertising* Content Integrationen" herausgebracht. Bei bento gibt es keine ausgewiesenen Produktkategorien oder Produktnamen. Das Werbeangebot wird im Grunde nur als *Native Advertising*, Native-Advertising-Kampagne oder nativer Artikel bezeichnet. Diese/s/r wird folgendermaßen typisiert und setzt sich aus folgenden Leistungen zusammen:

Beratung: bento liefert erste Themenideen und wählt die Beste gemeinsam mit dem Kunden aus.

Redaktionelle Artikel: bento übernimmt die Erstellung des Artikels samt Layout, Bildern und aller Elemente.

Teaser auf bento und im Social Web: Ein Artikel steht mindestens zwei Tage auf der *Homepage* und ist danach weiterhin in der jeweiligen Rubrik auf der Seite zu finden. Zusätzlich werden die Artikel bezahlt und unbezahlt auf Facebook untergebracht.

Kundeninfobox: Unterhalb des Artikels wird ein Informationskasten mit vom Kunden angelieferten Informationen integriert.[101]

---

[99] Vgl.: sueddeutsche.de, „Jugendportal bento: Mal verrückt sein", Abrufdatum: 30.06.2016 (http://www.sueddeutsche.de/medien/jugendportal-bento-mal-verrueckt-sein-1.2671770)
[100] Vgl.: meedia.de, „Debatte um Sponsored Post: Bento startet Native Advertising", Abrufdatum: 30.06.2016 (http://meedia.de/2015/11/06/debatte-um-sponsored-post-bento-startet-native-advertising/)
[101] Vgl.: spiegel-qc.de, „Native Advertising auf bento", Abrufdatum. 02.07.2016
(http://www.spiegel-qc.de/uploads/PDFS/RoteGruppeOnline/NativeAdvertising_bento_OnePager.pdf)

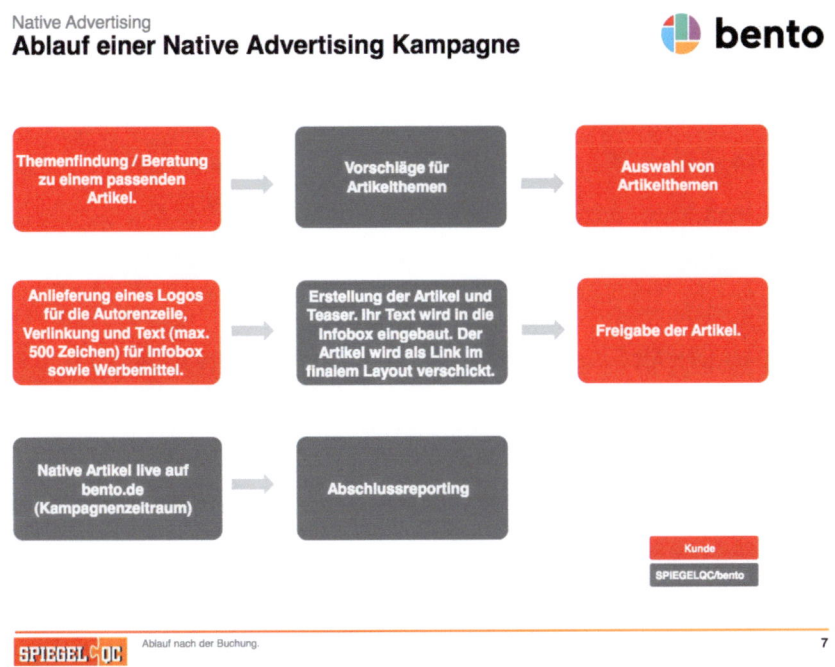

Abbildung 7: Ablauf einer nativen Kampagne auf bento. Quelle: spiegel-qc.de, „Native Advertising auf bento", S. 7, Abrufdatum: 02.07.2016, (http://www.spiegelqc.de/uploads/PDFS/RoteGruppeOnline/NativeAdvertising_bento_OnePager.pdf)

Markentransfer: *Native Advertising* ist journalistischer Inhalt, der vom Kunden ermöglicht wird.

Integration in das *Content-Management-System*/Redaktionssystem: Verarbeitung des nativen Artikels innerhalb des Redaktionssystems mit eindeutiger Kennzeichnung als „*Sponsored Post*", wird auf allen mobilen Endgeräten ausgespielt.[102]

4.6 Native-Advertising-Angebote bei BuzzFeed Deutschland

Größer hätten die Fußstapfen nicht sein können, in die BuzzFeed Deutschland mit seiner Gründung im Oktober 2014 treten sollte. Das Muttermedienunternehmen BuzzFeed wurde 2006 in den USA gegründet. Nach Angaben des Unternehmens besuchten 2014 monatlich 150 Millionen Menschen die Seite, 50 % der *User* sogar von außerhalb der USA.

75 % kamen über soziale Netzwerke wie Facebook. 600 Mitarbeiter, darunter 200 Redakteure, arbeiteten für das Unternehmen. Anfangs für seichte Inhalte belächelt, arbeiten in den USA

---

[102] Vgl.: ebd.

inzwischen auch investigative Journalisten für BuzzFeed und bieten zusätzlich tiefer gehende Nachrichteninhalte an.[103]

In der Medienbranche immer wieder heiß diskutiert werden aber vor allem zwei weitere Informationen:

- Im Jahr 2014 erzielte BuzzFeed nach Angaben des Unternehmensgründers Jonah Perettis erstmals einen Umsatz von über 100 Millionen Dollar.[104]
- BuzzFeed verzichtet auf seiner Website komplett auf klassische Werbung. Stattdessen setzt das Unternehmen auf *Virales Marketing* (die Marketinginhalte des Kunden z. B. in Form von nativen Artikeln werden von den Internetnutzern freiwillig in den sozialen Netzwerken geteilt) und *Native Advertising*.[105]

Kein Wunder also, dass die US-BuzzFeed-Mutter Medienunternehmen weltweit als Vorbild in Sachen *Content Marketing* und *Native Advertising* sowie dem Erreichen der jungen Zielgruppe gilt.[106]

BuzzFeed Deutschlands Bilanz zum einjährigen Jubiläum im Herbst 2015 liest sich dagegen jedoch ernüchternd. Zahlen, wie viele Besucher BuzzFeed Deutschland verzeichnet, wollte die damalige BuzzFeed-Chefredakteurin Juliane Leopold gegenüber meedia.de gar nicht erst verraten. Die konkreten Zahlen sollten erst kommuniziert werden, wenn die Vermarktung beginne, erklärte die Chefredakteurin im Interview.[107] Und dies war auch schon die nächste Überraschung: Im Herbst 2015 verfügt BuzzFeed Deutschland offenbar noch über gar kein Vermarktungsmodell. Laut Leopold im Herbst 2015 „habe man den Luxus sich nur um Inhalte, Bekanntheit und den Aufbau einer Community kümmern zu dürfen".[108]

Im Juni 2016 findet sich auf der *Homepage* der deutschen BuzzFeed-Präsenz ein kleiner Hinweis am Ende der Webseite in Form des Wortes „Advertising". Hier versteckt sich eine Verlinkung zum amerikanischen Vermarktungsangebot.[109] Ob dieses inzwischen so auch für Deutschland gilt, bleibt unklar. Durch die Beitragsliste der deutschen BuzzFeed-Seite gescrollt findet sich ein Beitrag gekennzeichnet mit *„Brand-Publisher"*. Im Namen des Ferien-wohnunganbieters „FeWo-direkt" wurde hier ein nativer Artikel über „14 unglaubliche

[103] Vgl.: süddeutsche.de, „Buzzfeed Deutschland: teilen und herrschen", Abrufdatum: 02.07.2016 (http://www.sueddeutsche.de/medien/buzzfeed-deutschland-teilen-und-herrschen-1.2181950-2)
[104] politico.com, „Buzzfeed passes 100M in Revenue for 2014", Abrufdatum: 02.07.2016 (http://www.politico.com/media/story/2014/11/buzzfeed-passes-100-m-in-revenue-for-2014-003140)
[105] Vgl.: buzzfeed.com, „Advertise", Abrufdatum: 02.07.2016 (https://www.buzzfeed.com/advertise)
[106] Vgl.: noz.de, „Wie Spiegel Online und Co dem Vorbild Buzzfeed nacheifern", Abrufdatum: 02.07.2016 (http://www.noz.de/deutschland-welt/medien/artikel/630485/wie-spiegel-online-amp-co-dem-vorbild-buzzfeed-nacheifern#gallery&0&0&630485)
[107] Vgl.: meedia.de, „Peinliche Jahresbilanz des deutschen BuzzFeed: Traffic Zwerg ohne Buzz" Abrufdatum: 02-07.2016 (http://meedia.de/2015/09/24/peinliche-einjahres-bilanz-des-deutschen-buzzfeed-traffic-zwerg-ohne-buzz-im-social-web/)
[108] Vgl.: ebd.
[109] Vgl.: buzzfeed.com, „Advertise", Abrufdatum: 02.07.2016 (https://www.buzzfeed.com/advertise)

Ferienunterkünfte, die Du tatsächlich mieten kannst" veröffentlicht. Am Ende des Artikels findet sich in größerer Schrift ein Hinweis, dass man seinen Traumurlaub bei „FeWo-direkt" buchen kann sowie eine Verlinkung zur *Homepage* des Anbieters.

4.7 Zwischenfazit Fallstudien

Zunächst konnte also die Subforschungsfrage: „Welches Medienunternehmen bietet *Native Advertising* in Deutschland bereits wie an?" beantwortet werden. Zusammengefasst und gegenübergestellt, stellt sich die Situation folgendermaßen dar:

Gruner + Jahr hat tatsächlich die breiteste Angebotspalette, was Integrationsformate insgesamt und Native-Advertising-Formate im Speziellen anbelangt. Die differenzierte Herausarbeitung der Präsentationsmöglichkeiten von *Sponsored Post*, *Sponsored Showroom*, *Sponsored Videopost*, Sponsored Blogpost, Sponsored Produkttest bis hin zur *Sponsored Survey* zeigt, dass Gruner + Jahr tatsächlich ein Experte im Bereich *Content* Marketing ist und sich mit zahlreichen Facetten dieser neuen Werbeform auskennt. Kunden können sich auf der G+J e|MS-Seite ein gutes Bild von dem machen, was mit Hilfe von *Native Advertising* bereits möglich ist. Bemerkenswert ist die konsequente Kennzeichnung der bezahlten Formate mit dem Wort „Anzeige". Leser aller Altersgruppen sind mit diesem Begriff seit Jahrzehnten vertraut und verstehen dasselbe darunter, nämlich „Achtung Werbung", darunter. Die Nutzung eines deutschen Begriffs im deutschen Markt kann als positiv gewertet werden, da noch nicht davon ausgegangen werden kann, dass tatsächlich jeder Leser versteht, was ein „Sponsored Post" ist oder was „Sponsored Content" bedeutet. Dies belegt ein Urteil vom 31.07.2015 des Landgerichts München I (Az. 4 HK O 21172/14). Darin haben die Richter entschieden, dass ein „sponsored" im Teaser nicht ausreicht, um dem Leser kenntlich zu machen, dass es sich beim betreffenden Beitrag um Werbung handelt.[110] Dennoch herrscht bei Gruner + Jahr weiterhin ein Begriffschaos im Hinblick auf die Unterscheidung von Angeboten wie Integrationen (z. B. Online-*Advertorials*) und Native Advertising. Dem Kunden müsste an dieser Stelle deutlicher erklärt werden, wo der definitorische Unterschied liegt. Eine übersichtlichere Sortierung der Angebote auf der Vermarktungsplattform könnte zu dieser Klarheit beitragen. *Native Advertising* sollte einen eigenen *Navigationspunkt* erhalten und nicht unter Integrationen und unter artverwandten Werbeformen „versteckt" werden.

---

[110] Vgl.: lousypennies.de, „Sponsored Post Alternativen, Abrufdatum: 03.07.2016
(http://www.lousypennies.de/2015/11/26/sponsored-post-alternativen/)

Der Axel Springer Verlag dagegen bietet nur ein Native-Advertising-Produkt an: die *Brand-Story*. Dies ist ein Artikel, der im Namen des Kunden mit ganz unterschiedlichen Inhalten gestaltet wird. Was bei anderen Medienhäusern die nativen Teaser sind, die für die *Traffic*zufuhr sorgen sollen, ist bei Springer die *Native Ad*. Dies führt zu einer erneuten Verwirrung, da die Bezeichnung *Native Ad* für den nativen Artikel selbst inzwischen gängiger ist. Den nativen Artikel nennt man bei Axel Springer jedoch „integrativen *Content*". Positiv bemerkt wurde die klare Ausweisung des Angebots als *Native Advertising* und dessen leichte Auffindbarkeit auf der Vermarkterplattform. Auch die dort dargestellte definitorische Abgrenzung zu anderen integrativen Werbemitteln – wie dem Online-*Advertorial* – macht dem Kunden das Auffinden des für ihn richtigen Angebots leichter. Bei Axel Springer wird *Native Advertising* ebenfalls mit dem Wort „Anzeige" gekennzeichnet.

Hubert Burda Media bezeichnet sich selbst als Vorreiter in Sachen *Native Advertising* und wirbt auf der unternehmenseigenen *Homepage* offensiv für sich. Der Vermarkter BurdaForward gliedert das native Angebot in Sponsored Article, *Brand Page* und *Brand Hub*. Bei näherer Betrachtung wirkt jedoch das native Produktportfolio des zweiten selbsternannten „Big Play*ers*" im Markt, Gruner + Jahr, ausdifferenzierter, ideenreicher, raffinierter. Eine Kennzeichnung erfolgt bei BurdaForward als „Partnerinhalt" oder „*Sponsored Post*", was beim Leser wie erwähnt zu Verwirrung führen kann.

Iq media setzt als Vermarkter gleich mehrerer namhafter deutscher Leitmedien auf die Skalierbarkeit seines Angebots. Zwar dürfte es den vorab genannten Medienhäusern, die gleichwohl mehrere Medienmarken unter einem Dach vereinen, ähnlich möglich sein, einzelne native Artikel auf mehreren Plattformen gleichzeitig auszuspielen, doch wird dies bisher nicht explizit angeboten oder beworben. Eine Kennzeichnung erfolgt bei durch iq media vertretenen Unternehmen als „Anzeige", bei ze.tt als „*Sponsored Post*".

Beim SPIEGEL-Verlag findet *Native Advertising* ausschließlich im Zusammenhang mit dem Jugendmagazin bento statt. Native Artikel werden auch bei bento als „*Sponsored Post*" gekennzeichnet. Bentos natives Angebot ist noch begrenzt: Kunden können ausschließlich einen Artikel samt Bebilderung in Auftrag geben, innerhalb dessen an mehreren Stellen durch Logo, Kundeninfobox oder „Dieser Artikel wurde im Auftrag und mit Unterstützung von XY verfasst" auf den Absender der Information hingewiesen wird.

Durch den direkten Vergleich der Native-Advertising-Angebote der verschiedenen Häuser lässt sich im zweiten Analyseschritt demnach die Subforschungsfrage beantworten: „Was kann am Angebot deutscher Medienunternehmen noch verbessert werden?". Es können folgende Handlungsempfehlungen abgeleitet werden:

> **Handlungsempfehlung Nr. 1: DIVERSIFIKATION.** Deutsche Medienunternehmen sollten das eigene Native-Advertising-Angebot entweder auf- oder ausbauen, also auf Diversifikation setzen, um den Anschluss an die besser aufgestellte Konkurrenz nicht zu verlieren.

Diversifikation bedeutet nach Produkt-Markt-Matrix, auch Ansoff-Matrix genannt, die strategische Ausrichtung auf eine Wachstumsstrategie in Form der Entwicklung neuer Produkte für neue Märkte. Zwar gilt die Produktdiversifikation als die risikoreichste der vier bei Ansoff betrachteten Wachstumsstrategien (Marktdurchdringung, Produktentwicklung, Marktentwicklung, Diversifikation), jedoch dürften die Investitionen in das Produkt *Native Advertising* nicht zu hoch ausfallen, da hier keine Kosten durch das Aufbauen hoher Lagerbestände oder die Verarbeitung von Gütern anfallen. Die Chance eines hohen *Return on Investment (RoI)* macht die Idee der Diversifikation mittels der neuen Werbeform deshalb besonders interessant. Um den Anschluss an zum Beispiel das auf diesem Gebiet weit entwickelte Medienhaus Gruner + Jahr nicht zu verpassen, sollten deutsche Medienunternehmen kreative neue Produkte entwickeln oder weiterentwickeln, um sich ihren Marktanteil auf dem neuen Native-Advertising-Markt zu sichern.[111]

> **Handlungsempfehlung Nr. 2: EINDEUTIGE BEGRIFFLICHKEITEN.** Deutsche Medienunternehmen sollten einheitliche Begriffe im Umgang mit *Native Advertising* verwenden. Wer *Native Advertising* anbietet, muss klar zu diesen Produkten stehen, die Angebote dementsprechend eindeutig formulieren sowie innerhalb des Portfolios leicht auffindbar machen. Eine Kennzeichnung als Werbung gilt als Pflicht, die Verwendung des Begriffs „Anzeige" hat sich bereits bewährt, um Verwirrungen zu vermeiden.

Langsam kristallisieren sich im Umgang mit *Native Advertising* Formulierungen, Begriffe und Kennzeichnungen heraus, die für Kunden und Leser als besonders verständlich gelten. Medienunternehmen sollten überprüfen, inwieweit ihre eigenen Begrifflichkeiten bereits zu diesem allgemeinen Verständnis passen. Branchen-Absprachen sind zu empfehlen, um Verunsicherungen beim Leser zu minimieren und die Glaubwürdigkeit der Medienmarken und der Branche insgesamt nicht zu gefährden.

---

[111] Vgl.: wirtschaftslexikon.gabler.de, „Produkt/Markt-Matrix", Abrufdatum: 04.07.2016
(http://wirtschaftslexikon.gabler.de/Archiv/127640/produkt-markt-matrix-v4.html)

Iq media hat die Skalierbarkeit seines Angebots zu einem Alleinstellungsmerkmal (*USP*) entwickelt. Andere Medienhäuser hätten jedoch auch bereits die Möglichkeit, skalierbare Formate zu entwickeln. Näher wird auf diesen Aspekt zu einem späteren Zeitpunkt (S. 52 ff.) eingegangen.

5. Werbewirkungsforschung im Kontext von Native Advertising

Nach Werbeforscher LACHMANN wird Werbewirkung wie folgend definiert:

„Werbewirkung ist das Erreichen einer beabsichtigten Reaktion durch Werbeaktivitäten bei der Zielgruppe".[112]

Die Werbewirkungsforschung überprüft empirisch, ob und wie die Werbung auf das Erleben und Verhalten des Rezipienten wirkt. Des Weiteren soll die Frage beantwortet werden, ob diese Wirkung auch mit der Zielsetzung des Werbetreibenden übereinstimmt.[113] In der folgenden Auswahl vorgestellter Studien wurde vorwiegend dem psychologischen Werbeerfolg von *Native Advertising* nachgegangen. Hier werden Fragen untersucht wie: Wird die Werbung bemerkt? Bleibt die Werbebotschaft in Erinnerung? Verändert sich die Einstellung des Kunden gegenüber dem Produkt oder der Dienstleistung? Wird eine Kaufabsicht ausgelöst? Der erlöswirtschaftliche Werbeerfolg hingegen würde eher an ökonomischen Indikatoren wie z. B. der Anzahl der Verkäufe, dem Umsatz oder dem Marktanteil gemessen werden.[114]

5.1 Studie 1: „Do's and Don'ts beim NATIVE ADVERTISING – Wie Native Ads richtig wirken!" erstellt durch G+J e|MS (2014)

Gruner + Jahr stellt in dieser Studie die Frage, wie Werbung in Zeiten des Informationsüberflusses noch Gehör finden könne. Mittels einer Basisbefragung (n=736), Tiefeninterviews (n=19) und technischem Wirkungstracking (n=1915) soll die Frage nach der Wirkung von *Native Advertising* beantwortet werden. Laut Studie werde Online-Werbung von den Nutzern grundsätzlich negativ beurteilt, mehr als 35 % lehnten sie sogar ab. *Native Advertising* hingegen stünden nur 11 % verwehrend gegenüber, 60 % würde sich derartige Beiträge freiwillig anschauen. 85 % der Studienteilnehmer hätten sich eine deutliche Kennzeichnung der Inhalte gewünscht. 75 % hätten ausgesagt, dass die vermittelten Informationen einen Mehrwert für den Leser haben sollten. 66 % fänden die Kooperation erst glaubwürdig wenn beide Partner, Kunde und Medienmarke, thematisch zueinander passten. Die Webseite dürfe außerdem auf keinen Fall von Kooperationen überfrachtet sein. 48 % akzeptiere ein bis zwei Kooperationen pro Seite, nur 4,2 % mehr als fünf. Die Werbeerinnerung erhöhe sich vom

---

[112] Burst, 2002, S. 8
[113] Vgl.: wirtschaftslexikon.gabler.de, „Werbewirkungsforschung", Abrufdatum: 04.07.2016
(http://wirtschaftslexikon.gabler.de/Archiv/127640/produkt-markt-matrix-v4.html)
[114] Vgl.: ebd.

Kontakt zu den klassischen Werbebannern von 13,3 % zum Native-Advertising-Kontakt auf 19,8 %. Auf die Sympathie und das Image sowie den Abverkauf (Werbewirkung im Hinblick auf Werbeerfolg) der Marke hätten Kontakte mit *Native Advertising* ebenso spürbar positive Auswirkungen gehabt. Die Studie schließt mit dem Fazit, dass *Native Advertising* Fingerspitzengefühl für die Inhalte sowohl seitens des Werbekunden als auch beim Medienhaus erfordere. Dabei helfe es bei der Anfertigung des nativen Artikels, nicht einfach nur die PR-Texte zu übernehmen. Werbekunde und Websitebetreiber müssten eine gemeinsame *Content-Strategie* entwickeln, deren Inhalte sie dann gemeinsam in unterschiedlichster Form ausspielen sollten.[115]

5.2 Studie 2: „Display, AD Specials, Native Advertising – viele Möglichkeiten, gleich viel Wirkung?" erstellt durch G+J e|MS (2015)

Diese Studie kann als Ergänzung zur Studie 1 betrachtet werden. In dieser Erhebung wurde jeweils die spezifische Wirkung der drei unterschiedlichen Werbeformate Display, AD-Special und *Native Advertising* auf die Nutzer untersucht. Ergebnis der Studie sei, dass ein Format-Mix aus Display-Werbung (ist vertraut), AdSpecial (wirkt modern) und *Native Advertising* (informiert) den größten Erfolg einer *Kampagne* verspreche.[116] Des Weiteren belege die Studie laut Gruner + Jahr, dass Nutzer die generell ein Interesse am Produkt hätten, *Native Advertising* signifikant bevorzugen würden (+65,5%).[117]

5.3 Studie 3: „Native Advertising Studie 2015" erstellt durch BurdaForward Ad Group

(Juni 2015)

Die Studie aus dem Hause Burda soll einen umfangreichen Einblick in die Nutzerwahrnehmung und -akzeptanz für *Native Advertising* geben. Hierzu wurden 482 Nutzer in drei zufällig gewählten Gruppen zu den Native-Advertising-Angeboten auf Burda-*Webseiten* befragt. Laut Studie nähmen 70 % der Nutzer *Native Advertising* im Internet wahr, jedoch entdecke nur jeder Dritte auch die Kennzeichnung als Werbung. Sieben von zehn Nutzern verstünden

---

[115] Vgl.: gujmedia.de, „Do's and don'ts beim Native Advertising", Abrufdatum: 04.07.2016
(http://www.gujmedia.de/fileadmin/redaktion/Online/Native/Dos_and_Donts_Native_Advertising_FINAL_PDF.pdf)
[116] Vgl.: gujmedia.de, „Display Ad Specials, Native Advertising – Wirkungsstudie", Abrufdatum: 04.07.2016
(http://www.gujmedia.de/fileadmin/redaktion/Media_Research/Deutsch/Wirkungsstudie.pdf)
[117] Kubitzki, 2015, S. 29

bereits, was *Native Advertising* bedeute. Native Inhalte würden als hilfreich (41,7 %), ansprechend (63,3 %), unterhaltsam (29,9 %) und nützlich (25,2 %) empfunden. Im Vergleich mit Display-Werbung werde *Native Advertising* als angenehmer, informativer und interessanter empfunden. Nativer Content lasse die Marke moderner, engagierter und kreativer wirken, glaube laut BurdaForward die Hälfte der Befragten.[118]

5.4 Studie 4: „Best of Native Advertising 2015" erstellt durch BurdaForward Ad Group

(Dezember 2015)

Da BurdaForward im Jahr 2015 zahlreiche Studien rund um Teilbereiche von Wirkweise und Werbeerfolg des *Native Advertisings* veröffentlichte, wurden die Ergebnisse aller Studien im Dezember 2015 in einer Gesamtstudie zusammengefasst. Die „Best of *Native Advertising* 2015" ist eine Studie über alle Werbewirkungsstudien zu nativen *Kampagnen* bei der BurdaForward Ad Group. Zum Zeitpunkt der Veröffentlichung enthielt die Datenbank Ergebnisse von insgesamt 4198 Befragungen. Auch diese Studie basiert auf der Befragung von Studienteilnehmern, die Kontakt mit Native-Advertising-Kampagnen auf Burda-Medienseiten hatten. Zu den Studienergebnissen gehört, dass die Bekanntheit einer Marke durch Native-Advertising-Kampagnen deutlich gesteigert werde. Nach Kampagnenkontakt würden 23,3 % mehr Befragte angeben, dass sie die beworbene Marke kennen. 62,3 % bewerteten die *Kampagne* als eher positiv in Bezug auf Optik und Informationsgehalt. Der Anteil derjenigen, die die beworbene Marke als Experte in dem jeweiligen Bereich betrachteten, sei nach Kapagnenkontakt um etwa 40 % gestiegen. *Native Advertising* steigere ebenso die Sympathie für die beworbene Marke. Dieser Anteil sei um knapp 20 % gestiegen. Die neue Werbeform rege laut Erhebung zu weiteren Handlungen wie einem Besuch der *Homepage* oder sogar dem Kauf des Produkts an. Die Aktivierungsrate sei um 11,8 % gesteigert worden. 58 % klickten die gesehene Native-Advertising-Kampagne, 8 4% davon begannen den Text zu lesen.[119]

---

[118] Vgl.: burda-forward.de, „Native Advertising Studie 2015", Abrufdatum: 05.07.2016
(http://www.burda-forward.de/uploads/tx_mjstudien/BF_NativeAdvertisingStudie2015_01.pdf)
[119] Vgl.: burda-forward.de, „Best of Native Advertising 2015", Abrufdatum: 05.07.2016
(http://www.burda-forward.de/uploads/tx_mjstudien/BF_BestofNativeAdvertising_2015.pdf)

5.5 Studie 5: „Digital Dialog Inside 2015" erstellt von der Hochschule für Medien Stuttgart (2015)

Die Studie „Digital Dialog Inside 2015" basiert auf der Auswertung eines Online-Fragebogens, den 103 Online-Experten aus den Bereichen Produktion, Handel und Dienstleistung beantwortet haben. Zusätzlich fand eine Onlinebefragung auf den Plattformen der Kommunikationsdienstleister WEB.DE und GMX statt. 1561 Nutzer nahmen an der Studie teil. Laut Studie würden rund 60 % der Experten eine hohe Bedeutung für die Medienbranche in *Native Advertising* erkennen und der neuen Werbeform eine positivere Wahrnehmung im Vergleich mit klassischer Werbung zusprechen. 81 % der Nutzer erkannten audiovisuelle Native-Advertising-Formate als Werbung. Bei Inhaltsempfehlungen waren es hingegen nur 39 %. Die Diskussion um angemessene Kennzeichnung von *Native Advertising* werde laut Studie zwar bestehen bleiben, Leser würden mit der Zeit aber immer fähiger sein, *Native Advertising* zu erkennen. Die Priorität der Unternehmen bei der Investition in die neue Werbeform liege zukünftig in der Zusammenarbeit mit (Medien-)Partnern, um die richtigen Inhalte zu kreieren und um eine Optimierung auf Basis von Kennzahlen zu realisieren. *Native Advertising* werde aktuell hauptsächlich von Agenturen erstellt und von Dienstleistern und Plattformen distribuiert. Die Zusammenarbeit mit Redaktionen sei bisher wenig entwickelt. Die Verlage sollten laut Expertenmeinung aufpassen, den Markt nicht zu verpassen.[120]

5.6 Studie 6: „Eine empirische Studie zur Wirkung von Native Advertising auf mobilen Geräten" erstellt im Rahmen einer Bachelorarbeit von Kai Kubitzki an der Hochschule Düsseldorf (2015):

Mit Hilfe der Blickregistrierungsmethode sowie einer anschließenden Befragung wird im Rahmen dieser empirische Studie das Ziel verfolgt, losgelöst von den Rechercheergebnissen der Medienhäuser einen Überblick über die Werbewirkung von *Native Advertising* auf mobilen Geräten zu geben. Der Autor KUBITZKI stellte hierzu acht Hypothesen auf, die durch seine Arbeit verifiziert oder falsifiziert werden sollten. Für ihn bestätigten die Ergebnisse seiner Untersuchung, dass je deutlicher der native Artikel als Werbung gekennzeichnet war, desto geringer der Erfolg der vermittelten Werbebotschaft gewesen sei. Gleichzeitig ergab sich, dass die Akzeptanz für die Werbung höher gewesen sei, je deutlicher die Kennzeichnung ausfiel.

---

[120] Vgl.: www.united-internet-media.de, „Digital Dialog 2015 Insights 2015", Abrufdatum: 05.07.2015 (http://www.united-internet-media.de/fileadmin/uim/media/home/produkte-und-loesungen/DIALOG/UID_Import/UID/Aktuelles/DDI_20150701.pdf)

Auch das Image der Werbeform an sich stieg mit dem Grad der Deutlichkeit der Kennzeichnung. Je eingängiger die Kenntlichmachung, desto geringer sei die Wahrscheinlichkeit, dass das Medienunternehmen einen Glaubwürdigkeitsschaden nimmt, so KUBITZKIS Fazit. Des Weiteren sei die Bereitwilligkeit der Konsumenten zur Interaktion mit der Werbebotschaft bei Kennzeichnung höher. Nicht bestätigt wurde die Hypothese, dass sich mit deutlicherer Kennzeichnung die physische Wahrnehmung der Werbebotschaft verringere. Auch stimme es nicht, dass die Kennzeichnung vom Konsumenten gar nicht wahrgenommen werde. Außerdem sei es nicht richtig, dass eine Kennzeichnung als Werbehinweis grundsätzlich nicht verstanden werde.

Aufgrund der geringen Stichprobengröße (n=30) kann diese Erhebung jedoch nur Tendenzen liefern und nicht als repräsentativ gelten. Insgesamt zeigt sich jedoch ein Trend, dass die Ergebnisse aus Sicht des Medienunternehmens eher für eine deutlichere Kennzeichnung als dagegen sprechen.

5.7 Zwischenfazit Werbewirkung von Native Advertising

Zusammengefasst ergeben die Studienergebnisse einen recht umfassenden Überblick auf die Wirkweisen von *Native Advertising*. Jedoch gilt es bei der Beurteilung der Ergebnisse zu beachten, dass die Studien mehrheitlich von den Medienhäusern selbst veröffentlicht wurden. In der Studie „Digital Dialog Inside 2015" der Stuttgarter Hochschule für Medien sind es Online-Experten aus den Bereichen Produktion, Handel und Dienstleistung, die das Meinungsbild der Studie entscheidend beeinflussen. Diese haben ein gesteigertes Interesse daran, ihre Produkte auf Medienseiten vorteilhaft zu inszenieren, ohne dabei den Erhalt der Glaubwürdigkeit der Medienmarke zu priorisieren.

Des Weiteren lassen sich positiv formulierte Ergebnisse wie „48 % akzeptierten ein bis zwei Kooperationen pro Seite" ebenso auch negativ formulieren: „52 % akzeptierten keine Kooperationen" – und das ist immerhin mehr als die Hälfte aller Nutzer.

Dennoch lässt sich insgesamt feststellen, dass *Native Advertising* länger im Gedächtnis der Leser bleibt als klassische Online-Werbung und im Vergleich zu Display-Werbung als optisch weniger störend empfunden wird. *Native Advertising* rufe der mehrheitlichen Ansicht nach ebenfalls weniger *Reaktanzen* seitens der Nutzer hervor, da der Lesefluss durch diese Werbeform nicht unterbrochen wird wie beim *Display Advertising*. Jedoch ergaben die Studien auch, dass Nutzer sich eine deutliche Kennzeichnung der Angebote wünschen, was Handlungsempfehlung Nr. 2 (Seite 36) noch einmal bestätigt. Auch Handlungsempfehlung Nr.

1 kann durch die Expertenaussage, „Verlage sollten aufpassen, den Markt nicht zu verpassen"
den ihnen auch Agenturen streitig machen würden, verfestigt werden.

Im Bezug auf die Subforschungsfragen „Wie wirkt *Native Advertising* im Vergleich zu
klassischer *Bannerwerbung* auf den Leser?" und „Können wir aus der Werbewirkung Rück-
schlüsse für den Einsatz der Angebote ziehen?" kann aus den Studienergebnissen folgende
Handlungsempfehlung abgeleitet werden:

> **Handlungsempfehlung Nr. 3: VERRINGERUNG DER REAKTANZEN.** *Native Advertising*
> führt beim Leser im Vergleich zu Display-Werbung zu weniger *Reaktanzen* bezüglich
> Optik, Lesefreundlichkeit und Informationsgehalt. Native Artikel werden deshalb
> häufiger geklickt und länger betrachtet als *Bannerwerbung*. Die Werbewirkung von
> *Native Advertising* soll laut Studien insgesamt nachhaltiger und positiver sein als die
> klassischer *Display-Werbung*. Medienunternehmen sollten also auch deshalb auf die
> Entwicklung neuer Werbeformate wie *Native Advertising* setzen, um die bestehende
> ausgeprägte Leser-Unzufriedenheit mit Online-Werbung per se zu verringern.

6. Native Advertising und die Nutzung mobiler Angebote

Im Rahmen des diesjährigen Mobile World Congress im Februar 2016 wurde die Studie „Native Advertising in Europe to 2020" von Yahoo und Enders Analysis vorgestellt. Laut Erhebung soll die neue Werbeform im Jahr 2020 europaweit über 50 % der digitalen Werbung dominieren. Dies entspräche einem Zuwachs von 156 % gegenüber 2015. Die Studie führt diesen enormen Anstieg auf ein verändertes Nutzerverhalten zurück. Besonders die Verwendung von Smartphones und Tablets tragen zu der zunehmenden Beliebtheit der Werbeform bei, denn den Großteil des Ausgabenwachstums für Native Advertising rechnet die Erhebung dem Ausspielen von Inhalten auf mobilen Geräten zu.[121]

Um dieses Studienergebnis nachvollziehen zu können, gilt es zwei Fragen zu erörtern: Wieso werden mobile Geräte immer beliebter? Und wieso funktioniert Native Advertising auf diesen besonders gut? Mit der Einführung der sogenannten Smartphones (z.Dt.: intelligente Telefone) und ihrer einfachen Nutzungsmöglichkeiten wurden die Nutzer zu einem neuen Verhältnis zu komplexer Technik geführt. Mit der neuartigen, sensorisch gelagerten Eingabemöglichkeit durch berührungsempfindliche Bildschirme (Touchscreens) sowie Bewegungs-, Sprach- und visuelle Erkennungssensoren öffnete sich der Markt für ein erweitertes Publikum wie ältere Leute und Kinder.[122]

Der Erfolg von klassischer Displaywerbung auf mobilen Endgeräten ist bisher gering. Eine Nielsen-Studie aus dem Jahr 2013 belegt, dass 53 % aller britischen Smartphone-Besitzer behaupten, sie hätten noch nie eine mobile Banner-Ad gesehen. Daraus lässt sich schließen, dass Nutzer eine Fähigkeit entwickelt haben, mobile Werbung schlicht zu ignorieren (sogenannte Banner-Blindness).[123] Dazu kommt, dass Nutzer erhebliche Reaktanzen gegen wahrgenommene Online-Werbung entwickelt haben. Kunden und Agenturen kritisieren seit einiger Zeit das Fehlen von Sichtbarkeits- und Wirkungsnachweisen mobiler Werbung. Eine inflationäre Preisentwicklung im Bereich digitaler Werbung erhöht zusätzlich den Druck, neue Ideen zu entwickeln.[124] Oft verhindern zusätzlich Ad-Blocker (z.Dt.: Werbe-Unterdrücker) dass digitale Werbung überhaupt angezeigt wird.[125]

„Kleinere Bildschirme, winzige Banner und dicker Daumen" – das sind die Gründe, weshalb weder Nutzer noch Kunden klassische Bannerwerbung auf Smartphones schätzen", heißt es

---

[121] Vgl.: yahoo.enpress.de, „Studie: Native Advertising wird bis 2020 dominierende Werbeform", Abrufdatum: 12.07.2016
(http://yahoo.enpress.de/Pressemeldungen/Studie-Native-Advertising-wird-bis-2020-dominierende-digitale-Werbeform/3900)
[122] Vgl.: Goodman et al., 2013, S. 30
[123] Vgl.: nielsen.com, „The mobile consumer", Abrufdatum: 19.07.2016
(http://www.nielsen.com/content/dam/corporate/uk/en/documents/Mobile-Consumer-Report-2013.pdf)
[124] Vgl.: bdzv.de, „Reader Native Advertising: Optionen für Zeitungsverlage", Abrufdatum: 17.06.2016, S.5
(https://www.bdzv.de/fileadmin/bdzv_hauptseite/markttrends_daten/BDZV-Reader_Native_Advertising.pdf)
[125] Vgl.: Kubitzki, 2015, S. 3

auch im *Native Advertising Reader* des Bundes Deutscher Zeitungsverleger. Laut Verband könnten *Native Ads* – sofern sie nahtlos in die mobilen Websites integriert würden – eine Alternative bieten. Native Formate, die sich dem Seiteninhalt anpassten, kämen auf jedem Gerät passend zur Geltung. Dies führe auch zu kürzeren Ladezeiten der Seite. Dies würde die Reaktanzen bei den Nutzern voraussichtlich weiter reduzieren.[126]

HUBSCHNEIDER und KÖMEL fanden im Rahmen einer Erhebung sieben Attribute zur Definition eines mobilen Endgeräts. Vier davon erweitern die klassischen Kommunikationseigenschaften wie Sicherheit, Bequemlichkeit, Verfügbarkeit und Personalisierung. Die restlichen drei beziehen sich auf technische Eigenschaften: Lokalisierbarkeit, Erreichbarkeit und Orts-unabhängigkeit.[127] Werbung im mobilen Bereich wird also erst wahrgenommen und akzeptiert, sobald sie auf die persönlichen Bedürfnisse des Nutzers zugeschnitten ist.[128]

Native Advertising sei eben ein Format, das auf kleinen Displays hervorragend funktioniere und für ein zum jeweiligen Kontext passendes und ansprechendes Nutzererlebnis sorgen könne, stellt Nick Hugh, VP EMEA Yahoo, im Zusammenhang mit der Yahoo-Studie fest.[129]

6.1 Zwischenfazit Native Advertising und die Nutzung mobiler Angebote

Werbung im Bereich *mobile* ist in der Vergangenheit noch nicht sehr erfolgreich gewesen, da Medienunternehmen mit dem Angebot von *Bannerwerbung* hier eine für diesen Bereich unpassende Werbeform setzten. Schon aufgrund der Größe des kleinen Gerätebildschirms führt *Banner- oder Displaywerbung* in diesem Bereich zu einer erheblichen Störung des Leseflusses und somit zu hohen Nutzer-Reaktanzen. Da die Nutzung mobiler Endgeräte in Zukunft weiter zunimmt, prognostizieren Experten gerade im Bereich *mobile* die Entstehung eines enormen Werbemarktes für *Native Advertising*. Werbung im mobilen Bereich sollte aufgrund der engen Beziehung des Nutzers zu seinem Mobiltelefon diesem Nutzungsverhalten entsprechend ebenso personalisiert sein. *Smartphones* bieten durch die umfassenderen Möglichkeiten der Datenerfassung in diesem Bereich (Ortungsdienste etc.) eine ganz besondere Datenlage zur Personalisierung der dem Nutzer präsentierte Werbung.[130] Die Subforschungsfrage: „Was sind die Besonderheiten beim Einsatz von *Native Advertising* im

---

[126] Vgl.: bdzv.de, „Reader Native Advertising: Optionen für Zeitungsverlage", Abrufdatum: 17.06.2016, S. 6 (https://www.bdzv.de/fileadmin/bdzv_hauptseite/markttrends_daten/BDZV-Reader_Native_Advertising.pdf)
[127] Hubschneider/Kölmel, 2002, S. 3
[128] Vgl.: entwickler.de, „Personalisierte mobile Werbung ist wichtiger denn je", Abrufdatum: 19.07.2016 (https://entwickler.de/online/e-business/personalisierte-mobile-werbung-ist-wichtiger-denn-je-44990.html)
[129] Vgl.: yahoo.enpress.de, „Studie: Native Advertising wird bis 2020 dominierende Werbeform", Abrufdatum: 12.07.2016 (http://yahoo.enpress.de/Pressemeldungen/Studie-Native-Advertising-wird-bis-2020-dominierende-digitale-Werbeform/3900)
[130] Vgl.: Goodman et al., 2013, S. 37

Bereich *mobile*?" kann damit beantwortet werden, dass sich *Native Advertising* aufgrund dieser spezifischen Gegebenheiten besonders gut für den Einsatz im Bereich *mobile* eignet.

> **Handlungsempfehlung Nr. 4: MOBILE.** Medienunternehmen sollten sich gerade im Bereich *mobile* verstärkt um die Entwicklung von den Gegebenheiten dieses Bereichs angepassten, innovativen und verstärkt personalisierten Native-Advertising-Formaten bemühen.

7. Medienrechtliche Aspekte/Aspekte für den Erhalt der Glaubwürdigkeit der Medienmarke

Kritiker – wie die im eingangs aufgeführten „SPIEGEL"-Beispiel – sehen in *Native Advertising* eine neue Form der Schleichwerbung, die die Glaubwürdigkeit der Medien untergrabe. Sogenannte „Schleichwerbung" sei zudem auch rechtlich nicht legitim. Um diese Behauptung zu überprüfen, soll zunächst die tatsächliche rechtliche Lage betrachtet werden. Denn obwohl die Werbeform recht jung ist, unterliegt *Native Advertising* bereits zahlreichen rechtlichen und selbstregulativen Regelungen. Bei den folgenden Ausführungen soll von einer Typisierung von *Native Advertising* wie eingangs in dieser Arbeit beschrieben ausgegangen werden.

Dreh- und Angelpunkt dieser zu beachtenden Vorgaben ist der sog. „Erkennungs- oder Trennungsgrundsatz". Dieser wird auf alle Medien- und Werbeformen angewendet und besagt, dass Redaktion und Werbung seitens des Rezipienten eindeutig unterscheidbar sein müssen. Dieser Grundsatz schützt einerseits die Konkurrenten vor unlauterem Wettbewerb untereinander und andererseits die Unabhängigkeit der Medien allgemein sowie das Ziel der Erfüllung des gesellschaftlichen Informationsauftrags durch die Medien. Dem Erkennungs- oder Trennungsgrundsatz kann mittels optischer Gestaltung, zeitlicher oder räumlicher Abgrenzung vom redaktionellen Teil oder durch Kennzeichnung nachgekommen werden. Auf die Werbeform *Native Advertising* bezogen, die sich laut Typisierung in dieser Arbeit optisch-gestalterisch, inhaltlich und funktional in den redaktionellen Teil einfügen soll, bedeutet dies, dass der Kennzeichnung innerhalb der Kooperation eine erhöhte Wichtigkeit zukommt.

Der Erkennbarkeitsgrundsatz lässt sich für alle Medien im Gesetz gegen den unlauteren Wettbewerb (UWG) nachvollziehen. Für die digitale Werbung im Speziellen lassen sich weitere medienspezifische Ausprägungen des Prinzips im Rundfunkstaatsvertrag (RStV) und im Telemediengesetz (TMG) finden.[131]

---

[131] Vgl.: zaw.de, „ZAW Reader Native Advertising", Abrufdatum 20.07.2016, S. 50
(http://www.zaw.de/zaw/zaw/publikationen/pdf/Native-Advertising-LF-3.pdf)

Gesetz	Regelung (§§)	Anwendungs-bereich / Medium	Adressat (für wen gilt die Vorschrift?)
Telemediengesetz (TMG)	§ 6 Abs.1 Nr.1	Online / Telemedien	Diensteanbieter
Rundfunkstaats-vertrag (RStV)	§ 58 Abs.1	Online / Telemedien mit redaktionell-jour-nalistischem-redak-tionell gestaltetem Angebot (§ 54 Abs.2 RStV)	Diensteanbieter
	§ 58 Abs.3 iVm § 7 Abs. 3 S.1	audiovisuelle Medi-endienste auf Abruf	Diensteanbieter
Gesetz gegen den unlauteren Wett-bewerb (UWG)	Nr.11 „Blacklist" (Anhang zu § 3 Abs.3)	Alle	Medium, werbendes Unternehmen
	§ 4 Nr.3	Alle	Medium, werbendes Unternehmen

Abbildung 8: Gesetzliche Regelungen für Native Advertising, Quelle: Abrufdatum 20.07.2016, S. 50 (http://www.zaw.de/zaw/zaw/publikationen/pdf/Native-Advertising-LF-3.pdf)

Nach § 6 Abs. 1 Nr. 1 im Telemediengesetz muss kommerzielle Kommunikation in Online-Diensten klar erkennbar sein.[132] Des Weiteren sieht der Rundfunkstaatsvertrag insbesondere für Telemedien eine deutliche Trennung zwischen Werbung und redaktionellem Inhalt vor (§ 85 Abs. 1 Satz 1 RStV). Der Erkennbarkeitsgrundsatz gilt gemäß § 85 Abs. 3 RStV in Verbindung mit § 85 Abs. 3 RStV auch für audiovisuelle Mediendienste wie zum Beispiel Video-plattformen.[133]

Die Landespressegesetze schreiben nur den Printmedien ganz spezifisch die Kennzeichnung von Redaktionsmischformen mit „Anzeige" vor.[134] TMG und RStV hingegen schreiben keine bestimmte Bezeichnung vor, dennoch sollten Medienunternehmen diesen Fakt nicht ausreizen. Besonders, da laut Angaben des Zentralverbands der deutschen Werbewirtschaft e. V. (ZAW) eine bewusst missverständliche Kennzeichnung dennoch Rechtsfolgen haben kann. Auch Reputationsverluste können eine Folge für das Medienhaus sein.[135]

Nach UWG Nr. 11 des Anhangs zu § 3 Abs. 3 ist Werbung, die im Stil redaktionellen Inhalts gestaltet ist, grundsätzlich verboten. Dem UWG nicht genau zu entnehmen ist, wie *Native Advertising* gekennzeichnet werden muss, um dem Vorwurf der Verschleierung zu entgehen. Die Verwendung des Worts „Anzeige" kann in diesem Zusammenhang sicherlich als

---

[132] Vgl.: gesetze-im-internet.de, „Telemediengesetz", Abrufdatum: 20.07.2016
(https://www.gesetze-im-internet.de/tmg/BJNR017910007.html)
[133] Vgl.: die-medienanstalten.de, „Staatsvertrag für Rundfunk und Medien", Abrufdatum: 20.07.2016
(http://www.die-medienanstalten.de/fileadmin/Download/Rechtsgrundlagen/Gesetze_aktuell/15_RStV_01-01-2013.pdf)
[134] Vgl.: presserecht.de, „Landespresserecht Schleswig-Holstein", Abrufdatum: 20.07.2016
(http://www.presserecht.de/index.php?option=com_content&task=view&id=35&Itemid=1)
[135] Vgl.: zaw.de, „ZAW Reader Native Advertising", Abrufdatum 20.07.2016, S.50
(http://www.zaw.de/zaw/zaw/publikationen/pdf/Native-Advertising-LF-3.pdf)

unmissverständlich gesehen werden, ist aber nicht konkret vorgeschrieben.[136] In Streitfällen müssen laut ZAW also Gerichte den Einzelfall bewerten. Die Frage laute dann, ob die Werbung für den „durchschnittlich informierten, situationsadäquat aufmerksamen und verständigen Verbraucher" aus der Zielgruppe des Mediums erkennbar sei.[137]

Auch aus der aktuellen Rechtsprechung lassen sich einige Richtlinien zur Ausgestaltung der Kennzeichnung ableiten. Laut eines Entschlusses des Bundesgerichtshofs (BGH, 31.10.2012, I ZR 205/11) ist es obligatorisch, dass dem durchschnittlichen Betrachter die werbliche Intention auf den ersten Blick bewusst wird und nicht erst nach „analysierender Lektüre". Das Oberlandesgericht München entschied, das Schriftart und -größe sowie Kontrast und Platzierung erkenn- und zuordenbar sein müssen (OLG München, 17.09.2009, Az. 29 U 33337/09). Die Kennzeichnung soll darüber hinaus nicht erst am Ende eines Beitrags stehen, d.h. der Leser soll vorab entscheiden dürfen, ob er sich tatsächlich mit Werbung beschäftigen möchte. Dazu gehört, dass auch auf den nativen Artikel führende Links bereits als Werbung gekennzeichnet werden müssen.[138]

Des Weiteren sollte die Kennzeichnung laut ZAW leicht verständlich sein. Für den ZAW ist dieser Forderung auch durch englischsprachige Bezeichnungen wie *„sponsored post"* bereits entsprochen, da als Maßstab das Verständnis des durchschnittlichen Nutzerkreises gelte. Der ZAW empfiehlt eine einheitliche Kennzeichnung für *Native Advertising* innerhalb eines Mediums.[139] Kritiker bemängeln jedoch, dass diese Vorgaben in Verbraucherkreisen, die wenig Erfahrung mit diesen Bezeichnungen haben, zu Schwierigkeiten bei der Einordnung führen könnten.[140] Zu diesem Ergebnis ist das Landgericht München in seinem eingangs erwähnten Urteil vom 31.07.2015 ebenfalls gekommen. Darin haben die Richter entschieden, dass ein „sponsored" im Teaser nicht ausreicht, um dem Leser kenntlich zu machen, dass es sich beim betreffenden Beitrag um Werbung handelt (Landgericht München I, Urteil vom 31.07.2015, Az. 4 HK O 21172/14, nicht rechtskräftig). Als generell irreführend stufen Gerichte Kennzeichnungen ein wie: „PR-Mitteilung", „Werbe-Reportage", oder „Verlags-Anzeige".[141]

Über die gesetzlichen Regelungen hinaus sollten Medienunternehmen im Sinne des Pressekodex des deutschen Presserats agieren. Ziffer 7.1 besagt: „Bezahlte Veröffentlichungen

---

[136] Vgl.: zaw.de, „ZAW Reader Native Advertising", Abrufdatum 20.07.2016, S.51 (http://www.zaw.de/zaw/zaw/publikationen/pdf/Native-Advertising-LF-3.pdf)
[137] Vgl.: ebd.
[138] Vgl.: Köhler/Bornkamm, UWG-Kommentar, § 4 Nr. 3 Rn. 21a
[139] Vgl.: zaw.de, „ZAW Reader Native Advertising", Abrufdatum: 20.07.2016, S.52 (http://www.zaw.de/zaw/zaw/publikationen/pdf/Native-Advertising-LF-3.pdf)
[140] Vgl.: zaw.de, „ZAW Reader Native Advertising", Abrufdatum: 20.07.2016, S.52 (http://www.zaw.de/zaw/zaw/publikationen/pdf/Native-Advertising-LF-3.pdf)
[141] Vgl.: zaw.de, „ZAW Reader Native Advertising", Abrufdatum: 20.07.2016, S.52 (http://www.zaw.de/zaw/zaw/publikationen/pdf/Native-Advertising-LF-3.pdf)

müssen so gestaltet sein, dass sie als Werbung für den Leser erkennbar sind. Die Abgrenzung vom redaktionellen Teil kann durch Kennzeichnung und/oder Gestaltung erfolgen."[142]

Doch auch der Presserat gibt keine Vorgaben zur genauen Art und Weise der Kennzeichnung vor. Sanktionen bei Verstoß erfolgen durch öffentliche Rüge und die Verpflichtung zur Veröffentlichung des Fehlverhaltens durch das fehlhandelnde Medienunternehmen selbst.[143]

„Vertrauen und Glaubwürdigkeit sind *Assets* der Zeitung, die nicht angetastet werden dürfen", schreibt Hans Joachim Fuhrmann, Geschäftsführer im BDZV, zum Aspekt des Glaubwürdigkeitserhalts von Medienmarken im Umgang mit *Native Advertising*. Kennzeichnung sei deshalb Pflicht, so Fuhrmann, alles andere sei eine Täuschung des Publikums.[144] Eine zu enge Vermischung von Anzeige und Redaktion berge die Gefahr, den Leser zu verärgern und die Glaubwürdigkeit der Zeitungsmarke zu beschädigen, so Fuhrmann weiter.

Das US-Magazin „The Atlantic" erlebte, weshalb es ebensowichtig ist, dass auch die Kundenmarke zur Medienmarke passt, damit die Glaubwürdigkeit des Mediums nicht in Gefahr gerät. Zwar wurde 2013 der Absender eines nativen Beitrags auf der „Atlantic"-Hompage klar gekennzeichnet, jedoch hieß dieser „Scientology". Verständlicherweise führte dieser Umstand zu einer immensen Verärgerung der Leser. Dazu kam, dass der Beitrag wie eine Pressemitteilung verfasst war und nicht in das hochwertige Redaktionsumfeld passte. Darüber hinaus wurden die Nutzerkommentare im Sinne des Werbekunden zensiert. Nach Entfernung des Artikels zur Krisenentschärfung entschuldigte sich der Verlag bei seinen Lesern. Seitdem müssen alle Native-Advertising-Beiträge des Hauses einen zweistufigen Prüfprozess durchlaufen.[145]

Darüber hinaus gilt es zu beachten, dass der Faktor Glaubwürdigkeit einen erheblichen Einfluss auf die Werbewirksamkeit hat. Es geht bei der Betrachtung von Glaubwürdigkeit im Zusammenhang mit *Native Advertising* also einerseits um die Glaubwürdigkeit des Medienunternehmens und andererseits um die Glaubwürdigkeit der Kommunikationsinhalte.[146]

Für 75 % der Befragten der G+J-Studie „Do's and Dont's beim *Native Advertising*" gehört Glaubwürdigkeit zu den wichtigsten Eigenschaften einer Native-Advertising-Kampagne.[147]

---

[142] presserat.de, „Trennung von Werbung und Redaktion", Abrufdatum: 20.07.2016
(http://www.presserat.de/pressekodex/pressekodex/#panel-ziffer_7_trennung_von_werbung_und_redaktion)
[143] Vgl.: zaw.de, „ZAW Reader Native Advertising", Abrufdatum: 20.07.2016, S. 54
(http://www.zaw.de/zaw/zaw_publikationen/pdf/Native-Advertising-LF-3.pdf)
[144] Vgl.: bdzv.de, Native Advertising: Optionen für Zeitungsverlage, Abrufdatum: 21.07.2016, S. 3
(https://www.bdzv.de/fileadmin/bdzv_hauptseite/markttrends_daten/BDZV-Reader_Native_Advertising.pdf)
[145] Vgl.: bdzv.de, Native Advertising: Optionen für Zeitungsverlage, Abrufdatum: 21.07.2016, S. 8
(https://www.bdzv.de/fileadmin/bdzv_hauptseite/markttrends_daten/BDZV-Reader_Native_Advertising.pdf)
[146] Vgl.: Kubitzki, 2015, S. 10
[147] Vgl.: guj.de, „Neue Studie von GJ Media Sales EMS zeigt Do's und Don'ts beim Native Advertising und beleuchtet das Wirkungspotenzial des Werbeformats", Abrufdatum: 21.07.2016

7.1 Zwischenfazit medienrechtliche Aspekte und Aspekte für die Wirkung auf die Glaubwürdigkeit der Medienmarke

Zusammengefasst lässt sich sagen, dass *Native Advertising* schon aus rechtlicher Sicht einer klaren Kennzeichnung bedarf, um sich auf sicherem Terrain zu bewegen. Wird *Native Advertising* den vorangegangenen Ausführungen entsprechend gekennzeichnet, darf also nicht von „Schleichwerbung" gesprochen werden. Die eindeutige Beurteilung der Gefahr des Glaubwürdigkeitsverlusts seitens der Leser ist schwieriger. Um diese potenzielle Gefährdung zu mindern, sollten Publisher darauf achten, dass die beworbene Kundenmarke zur Medienmarke passt und dass die Inhalte der *Kampagne* qualitativ hochwertig sind – anders als in dem Beispiel von „The Atlantic".

Die Subforschungsfragen: „Wie sollte *Native Advertising* gekennzeichnet werden? Aus rechtlicher Perspektive und um die Erhaltung der Glaubwürdigkeit der Medienmarke zu gewährleisten?" konnten somit beantwortet werden.

> **Handlungsempfehlung Nr. 5: RECHTLICHE REGELUNGEN.** Medienunternehmen sollten im Umgang mit *Native Advertising* die rechtlichen Rahmenbedingungen kennen und sich im Besonderen an die Regeln der Kennzeichnung halten. Eine eindeutige Kennzeichnung, eine stimmige Markenkooperation sowie relevante Inhalte können einem Verlust der Glaubwürdigkeit der Medienmarke entgegenwirken. Auch die Markenbotschaft wird so wirkungsvoller, was das Angebot noch interessanter für Werbekunden werden lässt.

(http://www.guj.de/presse/pressemitteilungen/neue-studie-von-g-j-media-sales-ems-zeigt-dos-and-don-ts-beim-native-advertising-und-beleuchtet-das-wirkpotenzial-dieses-werbeformats/)

8. Aspekte für den Einsatz von Personal im Unternehmen

Die Trennung von werblicher und journalistischer Redaktion ist laut Auffassung des ZAW-*Roundtables* unter Mitarbeit des BDZV von hoher Wichtigkeit. Die Erhaltung der unabhängigen journalistischen Arbeit habe oberste Priorität. Die für *Native Advertising* typische einseitig positive Berichterstattung dürfe sich nicht auf den redaktionellen Teil des Mediums ausbreiten. Deshalb müsse eine klare Trennung von redaktioneller Tätigkeit und dem Verfassen von Werbe-Redaktionsmischformen auch personell eingehalten werden.[148] Diese Trennung journalistischer und wirtschaftlicher Funktionen von Personen sieht ebenso bereits die Ziffer 6 des Pressekodex vor. Spezifisch für das Thema *Native Advertising* gibt es bisher jedoch noch keine Formulierungen.[149]

Auch Yunfeng Cui, *Executive Director Digital Solutions* bei G+J *Media Sales*, glaubt, dass die Umsetzung von *Native Advertising* ein eigenes Berufsfeld sei. Dieser Bereich sei deutlich entfernt von der klassischen Redaktion. Dennoch müssten in dieser Disziplin Tätige, die Fähigkeiten und Kenntnisse eines Redakteurs beherrschen, zum Beispiel Techniken wie Interviews und *Storytelling*. Auch kaufmännisches Denken sei dabei sehr wichtig. Bisher rekrutiere man Personal für dieses Gebiet aus dem Bereich der *Public Relations* oder dem Journalismus. Im Rahmen der Produktion von *Native Advertising* gebe es Projektmanager, die Prozesse managen und die orchestrieren könnten. Des Weiteren gebe es Texter, die das Inhalte-Stück dann produzierten. Einen klassischen Ausbildungsweg für diesen Bereich gebe es aber noch nicht.

Interessant bei der Betrachtung des Aspekts der anzustrebenden Personalentwicklung für die Erstellung von *Native Advertising* ist der Vergleich zur gängigen Praxis im Umgang mit *Advertorials*. Wie eingangs erwähnt, wurden diese in der Vergangenheit sehr wohl zumeist von der Redaktion selbst erstellt, worauf auch schon der Begriff „redaktionelles *Advertorial*" hindeutet (vgl. S. 7 ff.), und dies auch, obwohl die Ziffer 6 des Pressekodex ebenso bereits für die Erstellung von *Advertorials* galt. Sich entwickelnde Parallelen im Rahmen der Erstellung von *Native Advertising* können zumindest nicht ausgeschlossen werden. Wie so oft spielen hier die Faktoren „Mangel an Geld" und „Mangel an Zeit" eine entscheidende Rolle dabei, dass der verantwortliche Redakteur den Job häufig doch schnell selbst erledigt.

Doch es gibt auch Anhaltspunkte für eine weniger schwarzmalerische Sichtweise auf die Dinge. Tatsächlich finden sich aktuell in den Stellenbörsen zahlreiche Ausschreibungen für

---

[148] Vgl.: bdzv.de, „Native Advertising: Optionen für Zeitungsverlage", Abrufdatum: 21.07.2016, S.10
(https://www.bdzv.de/fileadmin/bdzv_hauptseite/markttrends_daten/BDZV-Reader_Native_Advertising.pdf)
[149] Vgl.: presserecht.de, „Landespressegesetz Schleswig-Holstein", Abrufdatum: 21.07.2016
(http://www.presserecht.de/index.php?option=com_content&task=view&id=35&Itemid=1)

sogenannte „*Native Advertising* Redakteuren"[150] oder – wie eingangs erwähnt beim SPIEGEL– nach „Con*t*ent Marketing Managern" mit Schwerpunkt *Native Advertising*. Dies beweist, dass aktuell tatsächlich ein neues Berufsbild entsteht, das Fähigkeiten ganz unterschiedlicher Disziplinen – wie Journalismus und kaufmännische Denkweisen – vereint.

8.1 Zwischenfazit Aspekte für den Einsatz von Personal im Unternehmen

Schon der gesellschaftliche Auftrag zur unabhängigen Berichterstattung verlangt die Aufgabentrennung der Bereiche Redaktion und Anzeigen. Ob dies in der Praxis gerade in kleinen Verlagen auch aus Gründen steigender Personalkosten so umsetzbar sein wird, bleibt abzuwarten. Des Weiteren erfordert die Produktion wirtschaftlich durchdachter und inhaltlich nutzwertiger Kampagnen besondere neue Fähigkeiten seitens der Produzierenden. Neue Ausbildungswege oder Weiterbildungsprogramme könnten hier nützlich sein. Die Sub-forschungsfrage „Aspekte der Personalentwicklung: Wer im Unternehmen sollte für die Erstellung von nativen Artikeln verantwortlich sein?" kann also folgendermaßen beantwortet werden: im Idealfall eine eigene Abteilung mit speziell ausgebildetem Fachpersonal.

> ➢ **Handlungsempfehlung Nr. 6: PERSONALENTWICKLUNG.** Medienunternehmen sollten speziell ausgebildetes Fachpersonal zur Produktion und Abwicklung von Native-Advertising-Kampagnen einstellen und/oder ausbilden sowie eigene Abteilungen für diesen neuen Bereich aufbauen.

---

[150] Vgl.: germanyjobcenter.com, „Native Advertising Redakteur M/W Brand Studio Bild GmbH", Abrufdatum: 21.07.2016 (http://germanyjobcenter.com/detail/fd11a1f28ceede92/native-advertising-redakteur-m-w-brand-studio-bild-gmbh-co-kg-berlin-2016)

9. Virale Aspekte von Native Advertising

Ein weiterer Vorteil die native Werbung gegenüber Display-Werbung bietet ist, dass sie leicht und schnell über Social-Media-Kanäle weiterverbreitet werden kann. *Native Advertising* verfügt somit über sogenanntes virales Potenzial. *Virales Marketing* funktioniert nach dem Prinzip der Mundpropaganda (*Word-of-Mouth*). *Viralität* bedeutet die persönliche Weitergabe von Informationen über Leistungen und Produkte eines Unternehmens von Verbraucher zu Verbraucher. Die Werbebotschaft soll sich digital wie ein „Virus" über *Social Media* verbreiten. Hierbei kommt dem Inhalt der Botschaft eine gesteigerte Bedeutung zu. Sie muss für Sender und Empfänger emotional ansprechend oder nutzwertig sein. Das Ziel des *viralen Marketings* ist eine exponentielle Verbreitung von Werbeinformationen innerhalb der Zielgruppe.[151]

Bei erfolgreichen viralen *Kampagnen* ist die Rede von sogenannter *Earned Media* (z.Dt.: verdiente Medien oder Inhalte). Dieser Begriff bezeichnet Medieninhalte, die von Konsumenten und Medienschaffenden von sich aus, also freiwillig, generiert und verbreitet werden. *Earned Media* umfasst Zitationen, Empfehlungen und Berichte in, sozialen Netzwerken und anderen Online- sowie Offline-Medien.[152]

Im Gegensatz zu gängiger Display-Werbung kann *Native Advertising* aufgrund seines Artikel-Charakters und seiner Eingliederung in das *Content-Management-System* (z.Dt.: Inhalteverwaltungssystem) von den Nutzern per Facebook und Twitter *„gelikt und geshared"*, also weiterverbreitet werden. Zusätzlich wird *Native Advertising* von Suchmaschinen gefunden und von *Ad-Blockern* nicht erkannt. Diese Faktoren sorgen für zusätzliche Reichweite und Aufmerksamkeit.[153]

Social-Media-Aktivitäten, also *Viralität*, spielen genau wie die Verweildauer auch für die Erfolgsmessung der jeweiligen *Kampagne* eine wichtige Rolle. Es wird in diesem Kontext vom *viralen Uplift* gesprochen. Das amerikanische Medienunternehmen BuzzFeed behauptet, den *viralen Uplift* vorhersagen zu können. Inhalte und auch Überschriften könnten so für Native-Advertising-Kampagnen zielgerichtet kreiert werden. Bei BuzzFeed ist besagter *viraler Uplift* deshalb bereits in den Werbepreisen enthalten.[154]

Die Yahoo-Studie *„Native Advertising* in Europe to 2020" will heraus gefunden haben, dass der Zugriff auf Inhalte über soziale Netzwerke als wichtiger Wachstumsfaktor für den Native-

---

[151] Vgl.: wirtschaftslexikon.gabler.de, „Viral Marketing", Abrufdatum: 21.07.2016
(http://wirtschaftslexikon.gabler.de/Archiv/54718/viral-marketing-v9.html)
[152] Vgl.: onpage.org, „Earned Media", Abrufdatum: 21.07.2016 (https://de.onpage.org/wiki/Earned_Media)
[153] Vgl.: bdzv.de, „Native Advertising: Optionen für Zeitungsverlage", Abrufdatum: 21.07.2016, S.11
(https://www.bdzv.de/fileadmin/bdzv_hauptseite/markttrends_daten/BDZV-Reader_Native_Advertising.pdf)
[154] Vgl.: bdzv.de, „Native Advertising: Optionen für Zeitungsverlage", Abrufdatum: 21.07.2016,
S.14,(https://www.bdzv.de/fileadmin/bdzv_hauptseite/markttrends_daten/BDZV-Reader_Native_Advertising.pdf)

Advertising-Markt einzuordnen sei. Dieser lasse die Ausgaben für *Native Social Network Advertising* in Europa bis 2020 um mehr als 300 % ansteigen, von derzeit

2 auf 6,3 Milliarden Euro im Jahr 2020.[155]

9.1 Zwischenfazit virale Aspekte von Native Advertising

Native Advertising verfügt über das Potenzial, durch einen viralen Aufschwung höhere Reichweiten als klassische Display-Werbung zu erzielen. Dies erklärt sich unter anderem daraus, dass die Werbeform von *Ad-Blockern* nicht als Werbung erkannt wird, von Suchmaschinen gefunden und über *Social Media* von den Nutzern *geliked* und geteilt werden kann. Diese zusätzlichen Reichweiten gibt es für den Werbekunden entweder kostenfrei dazu und machen so die Buchung einer Native-Advertising-Kampagne attraktiver oder sie können wie im BuzzFeed-Beispiel in den Werbepreis einkalkuliert werden.

> ➢ **Handlungsempfehlung Nr. 7: VIRALITÄT.** Medienhäuser sollten in Sachen digitaler Werbung noch stärker viral denken, um mehr Reichweiten zu generieren und Online-Werbung für Kunden attraktiver zu machen. *Native Advertising* kann dazu als ideales Format betrachtet werden.

---

[155] Vgl.: yahoo.enpress.de, „Studie: Native Advertising wird bis 2020 dominierende Werbeform", Abrufdatum: 22.07.2016
(http://yahoo.enpress.de/Pressemeldungen/Studie-Native-Advertising-wird-bis-2020-dominierende-digitale-Werbeform/3900)

10. Aspekte der Skalierbarkeit von Native Advertising

Die Skalierbarkeit eines Geschäftsmodells wird bedingt durch die Fähigkeit der Hard- und *Software*, die ein *E-Business* unterstützen, ihre Kapazität im gleichen Maß zu erweitern wie die Geschäftsbewegungen zunehmen.[156] Ein Geschäftsmodell – wie jenes rund um die Werbeform *Native Advertising* – muss also skalierbar sein, um sich langfristig gegenüber anderen oder ähnlichen Geschäftsmodellen der gleichen Branche (z. B. *Display Ads*) durchzusetzen. Steigt also, wie von vielen Experten prognostiziert, die Nachfrage nach Native-Advertising-Produkten, müssen Medienunternehmen in der Lage sein, diesen größer werdenden Markt schnell zu bedienen, damit das Modell wirklich langfristig erfolgreich ist. Im Falle von *Native Advertising* tauchen an dieser Stelle jedoch einige inhärente Probleme auf, denn die Skalierbarkeit der Werbeform wird durch ihren engen Bezug zum Trägermedium beschränkt. Anders als beim *Display Advertising* ist es beim *Native Advertising* nicht oder nur sehr schwer möglich, dasselbe Format auf unterschiedlichen Plattformen auszurollen, da der Erfolg dieser Werbeform gerade auf der individuellen Kreation und Anpassung an das spezifische Medium beruht. Es gestaltet sich also schwieriger, technische Lösungen zu finden, die eine Skalierbarkeit der Werbeform möglich machen, da für die Kreation einer überzeugenden nativen *Kampagne* immer ein menschlicher Kreateur nötig sein wird. Dies erklärt sich zusätzlich aus dem Umstand, dass die Produktion eines nativen Artikels sehr ähnlich der eines redaktionellen Artikels verläuft, für den es bislang keine Algorithmen zur Erstellung gibt.

Dennoch gibt es bereits Dienstleister wie NativeAds, Outbrain, nativendo, die für Werbekunden automatisierte Lösungen entwickelt haben, mit dem Ziel, den jeweiligen Produktionsaufwand zu reduzieren, entwickelt haben.[157] Bei einer zu starken Skalierung kann jedoch dem Duktus der jeweiligen Medienseite nicht mehr entsprochen werden. Es entsteht eine Werbeform, die nicht mehr dem Grad der Nativität eines nativen Artikels genügt, wie dieser eingangs in dieser Arbeit für *Native Advertising* definiert wurde, um wirklich erfolgreich zu sein.

Eine Art Zwischenlösung zur totalen Individualisierung oder totalen Automatisierung bietet, wie in den Fallbeispielen analysiert, iq-media bereits. Unternehmen können bei dem Vermarkter in Abstimmung mit den dafür verantwortlichen Redaktionen passende Inhalte erstellen und die über dessen ganzes, aber überschaubares Portfolio hinweg gleich auf mehreren Websites ausspielen lassen. Inwieweit die Sprache der jeweiligen Plattform hier

---

[156] Vgl.: onpulson.de, „Skalierbarkeit", Abrufdatum: 22.07.2016 (http://www.onpulson.de/lexikon/skalierbarkeit/)
[157] Vgl.: bdzv.de, „Native Advertising: Optionen für Zeitungsverlage", Abrufdatum 21.07.2016, S.7
(https://www.bdzv.de/fileadmin/bdzv_hauptseite/markttrends_daten/BDZV-Reader_Native_Advertising.pdf)

verloren geht, die letztlich auch über den Erfolg der *Kampagne* mitentscheidet, bleibt zu beobachten.[158]

Im Juli 2016 springt auch der Informationsgigant Google auf den Native-Advertising-Trend auf und liefert eine native Weiterentwicklung der seit einigen Jahren erfolgreichen Google *Ad Words*. Im Rahmen der *Ad Words* können Werbekunden Anzeigen bei Google buchen, die dann bei einer Suchanfrage des Nutzers weit oben gelistet werden.[159] Andererseits können auch *Publisher* an den *Ad Words* verdienen, indem sie Google autorisieren, Kunden-Anzeigen auf der eigenen Website zu integrieren. Die Bezahlung erfolgt über ein Cost-per-Click-Modell.[160] Im Juli 2016 verkündete Google im Rahmen des „DoubleClick Leadership Summit", dass *Publisher* via Google nun in der Lage seien, ihre gesamten Werbeflächen für native Werbung anzubieten, einschließlich mobile, *Desktop-* und *App*-Inventar. Über 200 *Publisher* würden dieses Angebot laut Google bereits in Anspruch nehmen. Werbungtreibende, die native Flächen buchen wollten, bräuchten lediglich eine *Headline*, den Text der Anzeige sowie ein Bild bei Google hochladen. Den Rest übernehme dann das Google-Unternehmen DoubleClick.[161] Ob jedoch auch diese Google-Interpretation von *Native Advertising* überhaupt mit dem vergleichbar ist, was Medienunternehmen mit ihrer spezifischen Expertise in der Lage sind zu leisten, bleibt abzuwarten.

Potenzial für das Skalieren von *Native Advertising* haben besonders auch große Medienunternehmen, die über zahlreiche eigene digitale Medienmarken verfügen. Nehme man an, *Native Advertising* sei teuer, da pro Plattform ein gesonderter Artikel geschrieben werden müsse, könnte man meinen, die Werbeform sei nicht skalierbar, glaubt Yunfeng Cui, *Executive Director Digital Solutions*, G+J *Media Sales*. Da native Artikel bisher jedoch noch nicht breit gespielt werden, sei dies bisher kein Problem gewesen, so der Experte weiter. Gruner + Jahr sei jedoch bereits dabei, Native-Advertising-Artikel über mehrere Websites mit minimalen Anpassungen auszuspielen, berichtet Cui und weiter: „Damit wäre das dann auch skalierbar".[162]

Interessant kann dabei für das Haus am Hamburger Baumwall zum Beispiel die eigene Aufstellung nach „*Community*s of Interest", kurz CoI (Interessengemeinschaften), sein. So werden in der CoI Food alle Titel zum Themen Kochen & Genießen mit einer sehr ähnlichen thematischen Ausrichtung zusammengefasst (z. B.: „Essen & Trinken", „Deli", „Chefkoch",

---

[158] Vgl.: t3n.de, „Native Advertising: Das Allheilmittel des digitalen Publishings?", Abrufdatum: 22.07.2016 (http://t3n.de/news/native-advertising-allheilmittel-566726/)
[159] Vgl.: google.de, „Adwords", Abrufdatum: 22.07.2016, (https://www.google.de/adwords/)
[160] Vgl.: google.de, „Publisher-Werbelösungen", Abrufdatum: 22.07.2016 (https://www.google.de/ads/publisher/solutions.html)
[161] Vgl.: onlinemarketing.de, „Bessere User-Experience: Google bietet jetzt programmatisches Native Advertising an", Abrufdatum: 22.07.2016
(http://onlinemarketing.de/news/user-experience-google-doubleclick-programmatic-native-advertising)
[162] Vgl.: Anhang, Experteninterview, S. 11

„BEEF"). Innerhalb dieser Themengruppen wäre es möglich, ein natives Format gleich auf mehreren hauseigenen Seiten auszuspielen, mit jeweils kleinen Änderungen und in das individuelle CMS übertragen.

10.1 Zwischenfazit Aspekte der Skalierbarkeit von Native Advertising

Die Entwicklung von Möglichkeiten zur Skalierbarkeit von *Native Advertising* wird auch zukünftig eine große Herausforderung darstellen. Das Angebot von skalierbaren nativen Artikeln birgt zugleich das Risiko, vom Duktus der jeweiligen Plattform zu stark abzuweichen. Im Nachvollziehen dieses Duktus jedoch liegt das größte Erfolgspotenzial der innovativen Werbeform. Die beste Chance skalierbares und qualitativ hochwertiges *Native Advertising* anzubieten, haben größere Medienunternehmen, die über mehrere Medienseiten verfügen, die zu einem Themenspektrum gehören. Native Artikel können hier mit kleinen Veränderungen gleich über mehrere Plattformen ausgespielt werden.

> ➢ **Handlungsempfehlung Nr. 8: SKALIERBARKEIT.** Gerade größere Medienunternehmen sollten die Potenziale für das Skalieren von *Native Advertising* im eigenen Haus aufspüren, weiterentwickeln und diese Formate den Kunden anbieten. Das Medienhaus selbst kennt den Duktus seiner Artikel am Besten und weiß an welchen Stellen Chancen bestehen einen Artikel auf mehreren thematisch ähnlichen Plattformen unter einem Dach auszuspielen. Verlage haben gegenüber Agenturen und anderen Anbietern bei der Umsetzung von *Native Advertising* deshalb einen Vorteil.

11. Umsatzpotenzial von Native Advertising in Deutschland

Der wichtigste Aspekt bei der Entscheidung für oder gegen den Einsatz von *Native Advertising* ist die Frage, ob überhaupt die Möglichkeit besteht, zusätzliche Erlöse zu erwirtschaften. Hierbei geht es also um die Beantwortung der Subforschungsfrage: Wie steht es um das Umsatzpotenzial von *Native Advertising*? Lohnt sich das Schaffen von Angeboten für Medienunternehmen überhaupt?

Das Marktforschungsunternehmen eMarketer hält 2015 allein in den USA Ausgaben von 4,3 Milliarden Dollar für diese Form der Onlinewerbung für realistisch – das wäre fast dreimal so viel wie 2012 – und erwartet für 2018 einen Anstieg auf 8,8 Milliarden.[163]

Laut der Yahoo- und Enders Analysis Studie „*Native Advertising* in Europe to 2020" sollen die Ausgaben für *Native Advertising* in Europa in den nächsten fünf Jahren um das 2,6-fache von 5,2 Milliarden Euro im Jahr 2015 auf 13,2 Milliarden Euro im Jahr 2020 ansteigen. Damit würden sie 2020 52 % der gesamten Ausgaben für Online-Werbung ausmachen. In Deutschland sollen die Ausgaben für *Native Advertising* den Prognosen der Studie zufolge von 545 Millionen Euro im Jahr 2015 auf 1,7 Milliarden Euro im Jahr 2020 wachsen.[164]

Yunfeng Cui, *Executive Director Digital Solutions* bei G+J *Media Sales*, vermutet, dass *Native Advertising* im zweistelligen Prozentbereich wächst. Diese Annahme führt er auf die dynamische Marktentwicklung zurück, darauf, wie viele neue Anbieter auf den Markt drängen und darauf, wer das Angebot massiv ausbaue. Für den Digitalbereich der klassischen Medienhäuser – also ohne Berücksichtigung von Google und Facebook – geht er davon aus, dass der Markt für Native Advertising in Deutschland schon einen dreistelligen Millionenbetrag ausmache. Und dieser Markt wachse.[165]

Der BDZV hat für die Erstellung seines *Readers* mehrere Experten nach ihren Prognosen für die Umsatzentwicklung von *Native Advertising* in den nächsten Jahren sowie nach dem aktuellen Status quo befragt. Jedem der *Insider* wurde die Frage gestellt: „Digitale Erlöse: Welchen Stellenwert hat *Native Advertising* heute und was erwarten Sie in den nächsten drei Jahren für Ihren Verlag?". Nicolas L. Fromm, Mitglied der Geschäftsleitung Digitale Medien medien holding:nord gmbh Flensburg, glaubt, dass mit *Native Advertising* höhere Erlöse erzielt werden könnten als mit klassischer *Display-Werbung*. Die höheren Preise seien dadurch gerechtfertigt, dass die Werbeform durch eine stärkere Integration der Werbung in die Inhalte und eine

---

[163] Vgl.: bdzv.de, „Native Advertising: Optionen für Zeitungsverlage", Abrufdatum: 21.07.2016, S. 4
(https://www.bdzv.de/fileadmin/bdzv_hauptseite/markttrends_daten/BDZV-Reader_Native_Advertising.pdf)
[164] Vgl: yahoo.enpress.de, „Studie: Native Advertising wird bis 2020 dominierende Werbeform", Abrufdatum: 22.07.2016
(http://yahoo.enpress.de/Pressemeldungen/Studie-Native-Advertising-wird-bis-2020-dominierende-digitale-Werbeform/3900)
[165] Vgl: Anhang, Experteninzterview, S. 11

höhere Relevanz der Werbebotschaften für die Leser, eine bessere Werbewirkung erzielen würde.[166]

Jochen Herrlich, Geschäftsführer von Funke Digital in Berlin, vermutet, dass *Native Advertising* sich in den nächsten Jahren positiv entwickeln wird. Diese Entwicklung sei vor allem getrieben durch die steigende Zahl der *Ad-Blocker*-Verwender und den steigenden Bedarf nach einer plattformgeeigneten Werbeform für mobile Endgeräte.[167] Für Oliver Horst, Geschäftsführer RP Digital, Düsseldorf, bedeutet *Native Advertising* auch heute schon einen vergleichsweise hohen Umsatzanteil. Hier ließen sich attraktive Preisvolumina erzielen. Im lokalen sowie im nationalen Verkauf sehe Horst in den kommenden drei Jahren einen deutlichen Umsatzanstieg für sein Unternehmen.[168] Sarah Pauls, Head of Partner Studio, Forward News+ GmbH, Köln, stellt fest, dass bereits jetzt der Umsatz auf einigen ihrer Portale zur Hälfte durch *Native Advertising* generiert würde. Vor allem bei Special- Interest-Portalen wie NetMoms sehe sie eine sehr große Nachfrage. Aber auch bei den tagesaktuellen Nachrichtenportalen FOCUS Online und Huffington Post habe *Native Advertising* inzwischen einen hohen Stellenwert.[169] Hansi Voigt, Geschäftsführender Chefredakteur von watson.ch, Zürich, gibt zu Protokoll, dass watson.ch bereits heute rund 25 % seiner Erlöse mit *Native Advertising* erwirtschafte. Er geht von einer Verdoppelung innerhalb der nächsten drei Jahre aus. Patrick Wölke, Geschäftsführer DuMont Net, Köln, berichtet, dass der direkt über *Native Advertising* erzielte Umsatzanteil an den Werbeerlösen in seinem Unternehmen im einstelligen Prozentbereich liege, dieser Wert bringe die Bedeutung von *Native Advertising* aber nicht korrekt zum Ausdruck. Fast immer sei die kreative Native-Advertising-Lösung Teil eines größeren Gesamtpaktes und oft der Treiber für einen Kundentermin und die Buchung von klassischem Mediavolumen. Der Stellenwert von *Native Advertising* liege für ihn bereits heute bei 15 bis 20 %, in drei Jahren werde er sich mehr als verdoppelt haben.[170] Nur Jeff Jarvis, ein renommierter amerikanischer Journalismus-Professor, gibt zu Protokoll, er habe noch keine Studie gesehen, die analysiert, ob Native Ads unter dem Strich eine gute Rendite erzielen. Er fragt sich, ob diese wirklich den Anzeigenumsatz ankurbeln. Laut Jarvis wisse man dies noch nicht. *Native Advertising* ist seiner Meinung nach nicht die Rettung für den Journalismus.[171]

---

[166] Vgl.: bdzv.de, Native Advertising: Optionen für Zeitungsverlage, Abrufdatum: 21.07.2016, S.31
(https://www.bdzv.de/fileadmin/bdzv_hauptseite/markttrends_daten/BDZV-Reader_Native_Advertising.pdf)
[167] Vgl.: bdzv.de, Native Advertising: Optionen für Zeitungsverlage, Abrufdatum: 21.07.2016, S. 31
(https://www.bdzv.de/fileadmin/bdzv_hauptseite/markttrends_daten/BDZV-Reader_Native_Advertising.pdf)
[168] Vgl.: bdzv.de, Native Advertising: Optionen für Zeitungsverlage, Abrufdatum: 21.07.2016, S. 34
(https://www.bdzv.de/fileadmin/bdzv_hauptseite/markttrends_daten/BDZV-Reader_Native_Advertising.pdf)
[169] Vgl.: ebd. S. 39
[170] Vgl.: ebd. S. 44
[171] Vgl.: ebd. S. 36

11.1 Zwischenfazit Umsatzpotenzial von Native Advertising in Deutschland

Insgesamt scheinen sich nahezu alle Experten einig zu sein, dass der Markt rund um *Native Advertising* dynamisch wachse. Von Wachstumsraten im zweistelligen Prozentbereich ist die Rede, und es wird davon gesprochen, dass die Werbeform *Native Advertising* schon bald 50 % des Marktes für digitale Werbeformen ausmache. Auch die Yahoo und Enders Analysis Studie „*Native Advertising* in Europe to 2020" will belegen, dass die Ausgaben für *Native Advertising* in Deutschland in konkreten Zahlen von 545 Millionen Euro im Jahr 2015 auf 1,7 Milliarden Euro im Jahr 2020 anwachsen werden. Der Einwand des Native-Advertising-Kritikers Jeff Jarvis „er habe noch keine Studie gesehen, die analysiert, ob *Native Ads* unter dem Strich eine gute Rendite erzielen", kann somit entkräftet werden.

> **Handlungsempfehlung Nr. 9: UMSATZPOTENZIAL.** Medienunternehmen sollten in die Entwicklung von Native-Advertising-Angeboten investieren, um sich in einem wachsenden Markt Marktanteile zu sichern und Erlöse zur Sicherung des Unternehmensbestands zu generieren.

Fazit

12. Chancen und Risiken des Einsatzes von Native Advertising für Medienunternehmen

„Haben Medienunternehmen – inklusive des kritischen SPIEGEL-Verlags – heute also überhaupt noch die Wahl, sich gegen *Native Advertising* zu entscheiden?", mit dieser Frage schloss die Einleitung dieser Arbeit. Die aufgeführten Fallstudien haben sodann gezeigt, dass sich in den letzten zwei bis drei Jahren nach und nach nahezu jedes größere deutsche Medienunternehmen in Deutschland mit dem Thema *Native Advertising* auseinandergesetzt hat und seinen Werbekunden heute teilweise sehr unterschiedliche Native-Advertising-Lösungen anbietet. Anders als noch 2013 ist die Entwicklung des deutschen Native-Advertising-Markts inzwischen weit vorangeschritten. Gruner + Jahr sowie Hubert Burda Media wollen sich dabei als Vorreiter profilieren. Beide Medienhäuser verfügen bereits über einiges Know-how im Bereich der nativen digitalen Werbung, da dass Umsatzpotenzial von *Native Advertising* hier schon sehr früh erkannt wurde. Medienhäuser, die über weniger oder sogar keine Expertise auf diesem Gebiet verfügen, sollten davor gewarnt sein, die Chance zu verpassen, Teil eines wachsenden Marktes zu sein. Der vorherrschende Medienwandel birgt weiterhin zahlreiche Herausforderungen, denen Medienunternehmen sich durch die Entwicklung innovativer Ideen stellen müssen. Die Vergangenheit hat gezeigt, dass zu langes Zögern bei der Investition in digitale Geschäftsmodelle – z. B. bei der Einführung von Bezahlmodellen für redaktionelle Inhalte im Internet – tiefgreifende strukturelle Probleme für Medienunternehmen nach sich ziehen kann.

Gerade im weiter wachsenden mobilen Markt hat die neue Werbeform große Chancen, zukünftig hohe Umsätze zu erzielen, da native Artikel sich dem mobilen Nutzerverhalten besser anpassen und so geringere Reaktanzen bei den *Usern* hervorrufen. Doch auch über den mobilen Bereich hinaus sprechen Experten vom Erzielen deutlich höherer Reichweiten durch native Werbung, da sie von *Ad-Blockern* nicht entdeckt, aber von Suchmaschinen gefunden wird. Zusätzlicher *Traffic* kann des Weiteren mittels eines viralen Uplifts in den sozialen Medien generiert werden. Und nicht zuletzt kann auch die lange Zeit von Meldungen über Entlassungen und Redaktionsschließungen gebeutelte Medienbranche vom Zugewinn einer neuen Erlösquelle samt Entstehung neuer Arbeitsplätze, gar eines neuen Berufsbildes, profitieren. Native-Advertising-Redakteure/innen sind aktuell gefragte Leute, darauf sollte sich zukünftig auch der Ausbildungsbetrieb einstellen.

Auf der anderen Seite birgt das Angebot von *Native Advertising* durch Medienunternehmen weiterhin auch einige Risiken. Hier ist Fingerspitzengefühl und nicht brachiales Voranpreschen in unbekanntes Terrain gefragt. Der Erhalt der Glaubwürdigkeit der Medienmarke vor allem gegenüber der Leserschaft, aber auch den Werbekunden gegenüber gilt als höchstes Gut. Kritiker weisen immer wieder darauf hin, dass Internetnutzer *Native Advertising* häufig als bewusste Irreleitung wahrnehmen. Medienunternehmen, die native Artikel über ihre Plattform ausspielen, müssen diesem Vorwurf klar und selbstbewusst entgegentreten können und sich vorab Argumente überlegen, weshalb sie hinter ihren Produkten stehen. Dabei wäre eine eindeutige und die gesamte Branche betreffende Sprachregelung, eine Klärung der Begrifflichkeiten rund um *Native Advertising*, von Vorteil. Denn: Unklarheiten schaffen naturgemäß Verwirrung und Unsicherheiten bei Lesern sowie Werbekunden. Gerade auch die Kennzeichnung spielt dabei eine wichtige Rolle. Hier ist vor allem die Kenntnis und Einhaltung der rechtlichen und selbstregulativen Regelungen zu beachten, denen die Werbeform bereits unterliegt. Die Autorin stimmt der Meinung vieler Branchenexperten zu, die das Wort „Anzeige" zur Kennzeichnung im deutschen Sprachraum für geeignet halten, da es für die Kennzeichnung von Werbung im Allgemeinen als lange etabliert und überdurchschnittlich verständlich gilt. Des Weiteren kann die möglicherweise nicht ausreichend umsetzbare Skalierbarkeit des Geschäftsmodells zu einem Problem dabei werden, die prognostizierten Erlöse tatsächlich zu generieren. Bisher gibt es noch keine Lösung, die es möglich macht, einen nativen Artikel gleichzeitig auf mehreren Plattformen auszuspielen und dabei das für den Erfolg der Werbeform notwendige hohe Maß an individueller Angepasstheit an jede einzelne Plattform zu erhalten. Große Medienunternehmen sollten hier möglichst bald das Native-Advertising-Skalierbarkeits-Potenzial ähnlicher Medienmarken, die sie unter einem Dach vereinen, erkennen. Den laut Expertenprognose wachsenden Native-Advertising-Markt haben ebenso bereits viele Werbe- und PR-Agenturen für sich entdeckt. Medienunternehmen können ihnen gegenüber ihre jahrelange Erfahrung im Erzählen von redaktionellen Geschichten ausspielen und so ihre Position auf dem Markt behaupten – sofern sie denn selbst ihr volles Potenzial erkennen. Die Subforschungsfrage „Wie steht es um das Verhältnis von Chancen zu Risiken beim Einsatz von *Native Advertising*?" kann also folgend beantwortet werden: Das enorme Umsatzpotenzial, das *Native Advertising* aktuell zugesprochen wird, kann das Risiko des Glaubwürdigkeitsverlusts in die Medienmarke überwiegen, wenn beim Vorstoß in den neuen Markt, wie in dieser Arbeit dargelegt, mit Fingerspitzengefühl vorgegangen wird.

13. Alle Handlungsempfehlungen auf einen Blick

> **Handlungsempfehlung Nr. 1: DIVERSIFIKATION.** Deutsche Medienunternehmen sollten das eigene Native-Advertising-Angebot entweder auf- oder ausbauen, also auf Diversifikation setzen, um den Anschluss an die besser aufgestellte Konkurrenz nicht zu verlieren.

> **Handlungsempfehlung Nr. 2: EINDEUTIGE BEGRIFFLICHKEITEN.** Deutsche Medienunternehmen sollten einheitliche Begriffe im Umgang mit *Native Advertising* verwenden. Wer *Native Advertising* anbietet, muss klar zu diesen Produkten stehen, die Angebote dementsprechend eindeutig formulieren sowie innerhalb des Portfolios leicht auffindbar machen. Eine Kennzeichnung als Werbung gilt als Pflicht, die Verwendung des Begriffs „Anzeige" hat sich bereits bewährt, um Verwirrungen zu vermeiden.

> **Handlungsempfehlung Nr. 3: VERRINGERUNG DER REAKTANZEN.** *Native Advertising* führt beim Leser im Vergleich zu Display-Werbung zu weniger *Reaktanzen* bezüglich Optik, Lesefreundlichkeit und Informationsgehalt. Native Artikel werden deshalb häufiger geklickt und länger betrachtet als *Bannerwerbung*. Die Werbewirkung von *Native Advertising* soll laut Studien insgesamt nachhaltiger und positiver sein als die klassischer Display-Werbung. Medienunternehmen sollten also auch deshalb auf die Entwicklung neuer Werbeformate wie *Native Advertising* setzen, um die bestehende ausgeprägte Leser-Unzufriedenheit mit Online-Werbung per se zu verringern.

> **Handlungsempfehlung Nr. 4: MOBILE.** Medienunternehmen sollten sich gerade im Bereich *mobile* verstärkt um die Entwicklung von den Gegebenheiten dieses Bereichs angepassten, innovativen und verstärkt personalisierten Native-Advertising-Formaten bemühen.

> **Handlungsempfehlung Nr. 5: RECHTLICHE REGELUNGEN.** Medienunternehmen sollten im Umgang mit *Native Advertising* die rechtlichen Rahmenbedingungen kennen und sich im Besonderen an die Regeln der Kennzeichnung halten. Eine eindeutige Kennzeichnung, eine stimmige Markenkooperation sowie relevante Inhalte können einem Verlust der Glaubwürdigkeit der Medienmarke entgegenwirken. Auch die

Markenbotschaft wird so wirkungsvoller, was das Angebot noch interessanter für Werbekunden werden lässt.

➤ **Handlungsempfehlung Nr. 6: PERSONALENTWICKLUNG.** Medienunternehmen sollten speziell ausgebildetes Fachpersonal zur Produktion und Abwicklung von Native-Advertising-Kampagnen einstellen und/oder ausbilden sowie eigene Abteilungen für diesen neuen Bereich aufbauen.

➤ **Handlungsempfehlung Nr. 7: VIRALITÄT.** Medienhäuser sollten in Sachen digitaler Werbung noch stärker viral denken, um mehr Reichweiten zu generieren und Online-Werbung für Kunden attraktiver zu machen. *Native Advertising* kann dazu als ideales Format betrachtet werden.

➤ **Handlungsempfehlung Nr. 8: SKALIERBARKEIT.** Gerade größere Medienunternehmen sollten die Potenziale für das Skalieren von *Native Advertising* im eigenen Haus aufspüren, weiterentwickeln und diese Formate den Kunden anbieten. Das Medienhaus selbst kennt den Duktus seiner Artikel am Besten und weiß an welchen Stellen Chancen bestehen einen Artikel auf mehreren thematisch ähnlichen Plattformen unter einem Dach auszuspielen. Verlage haben gegenüber Agenturen und anderen Anbietern bei der Umsetzung von *Native Advertising* deshalb einen Vorteil.

➤ **Handlungsempfehlung Nr. 9: UMSATZPOTENZIAL.** Medienunternehmen sollten in die Entwicklung von Native-Advertising-Angeboten investieren, um sich in einem wachsenden Markt Marktanteile zu sichern und Erlöse zur Sicherung des Unternehmensbestands zu generieren.

Literaturverzeichnis

Literatur

Burst, Michael (2002): Werbewirkungsforschung. Theorien, Methoden, Anwendungen, München, 2002

Goodman, Steven/Ritzel, Lukas/Van der Schaar, Cem (2013): Native Advertising: Das Trojanische Pferd der Marketing Strategen um das ultimative Gewinnmodell, Hamburg, 2013

Herbst, Dieter Georg (2014): Storytelling, 3. überarbeitete Auflage, Konstanz, 2014

Köhler, Prof. Dr. Helmut/Bornkamm, Prof. Dr. Dr. h.c. Joachim (2016): UWG-Kommentar, 34. Auflage, München, 2016

Kromrey, Helmut (1991): Empirische Sozialforschung: Modelle und Methoden der Daten-erhebung und Datenauswertung, 5. überarbeitete und erweiterte Auflage, Opladen, 1990

Kubitzki, Kai (2015): „Native Advertising – Das Chamäleon des Werbedschungels". Eine empirische Studie zur Wirkung von Native Advertising auf mobilen Geräten", Düsseldorf, 2015

Löffler, Miriam (2014): Think Content! Content-Strategie, Content-Marketing, Texten fürs Web, Bonn, 2014

Nohr, Holger (2011): „Vom Zeitungsverlag zur News Industry", Berlin, 2011

Porlezza, Colin (2014): Gefährdete journalistische Unabhängigkeit: Zum wachsenden Einfluss von Werbung auf redaktionelle Inhalte, Konstanz, 2014

Schach, Annika (2015): Advertorial, Blogbeitrag, Content-Strategie und Co. Neue Texte der Unternehmenskommunikation, Wiesbaden, 2015

Zeitschriftaufsätze

Eisenhardt, Kathleen M. (1989): Building Theories from Case Study Research. In: The Academy of Management Review, Oct 1989, 14 Jg., Nr.1, S.253 ff.

Wirth, Werner/Matthes, Jörg/Schemer, Christian/Stämpfli, Ilona (2009): Glaubwürdigkeitsverlust durch programmintegrierte Werbung? Eine Untersuchung zu den Folgen von Produktplatzierungen in Informationssendungen, Publizistik, 2009, *54* (1), 1-18, S.1.ff.

Rechtsquellen

Urteil des Oberlandesgerichts München (OLG) in der Fassung vom 17.09.2009 – Az. 29 U 33337/09 auf Grundlage des Gesetzes gegen den unlauteren Wettbewerb, UWG § 4 Nr.3

Urteil des Bundesgerichtshofs (BGH) in der Fassung vom 31.10.2012 – I ZR 205/11 auf Grundlage des Gesetzes gegen den unlauteren Wettbewerb, UWG § 4 Nr.3

Urteil des Landesgerichts München (LG) in der Fassung vom vom 31.07.2015 – Az. 4 HK O 21172/14 auf Grundlage des Gesetzes gegen den unlauteren Wettbewerb, UWG § 4 Nr.3

Gespräche/Abschriften

Experteninterview: Persönliches Gespräch mit Yunfeng Cui, Executive Director Digital Solutions, G+J Media Sales am 19.05.2016 im Verlagshaus Gruner + Jahr, Hamburg.

Internetquellen

adobe-newsroom.de, „Adobe-Studie: Online Werbung hinkt hinterher", Abrufdatum: 02.07.2016
(www.adobe-newsroom.de/2013/06/12/adobe-studie-online-werbung-hinkt-hinterher/)

bdzv.de, „Die deutschen Zeitungen in Zahlen Daten und Fakten 2012/3", S. 4 ff., Abrufdatum: 15.06.2016
http://www.bdzv.de/fileadmin/bdzv_hauptseite/markttrends_daten/wirtschaftliche_lage/2012/assets/ZahlenDaten_2012.pdf,)

bdzv.de, Native Advertising: Optionen für Zeitungsverlage, Abrufdatum: 17.06.2016, S. 18
(https://www.bdzv.de/fileadmin/bdzv_hauptseite/markttrends_daten/BDZV-Reader_Native_Advertising.pdf)

blog.wan-ifra.org, „Native Advertising isn't what you think it is", Abrufdatum: 20.06.2016
(http://blog.wan-ifra.org/2013/07/22/native-advertising-isn-t-what-you-think-it-is)

blog.hemartin.net, „BDZV: Zeitungen in Deutschland 2012/13 –Zahlen und Daten" Abrufdatum: 04.08.2016
(http://blog.hemartin.net/2012/11/bdzv-zeitungen-in-deutschland-20122013.html)

burda-forward.de, „Native Integrationsmöglichkeiten", S. 2, Abrufdatum: 04.08.2016
(http://www.burdaforward.de/fileadmin/customer_files/public_files/downloads/Produkte/BF_NativeAdvertising_Produkte.pdf?PHPSESSID=8e248e24a77a1554c4af96a96a232c870e9d)

burda-forward.de, „Best of Native Advertising Studien 2015", Abrufdatum: 30.06.2015
http://www.burda-forward.de/uploads/tx_mjstudien/BF_BestofNativeAdvertising_2015.pdf

buzzfeed.com, „Advertise", Abrufdatum: 02.07. 2016
(https://www.buzzfeed.com/advertise)

bwl-wissen.net, „Explorative Forschung", Abrufdatum: 26.06.2016
(http://www.bwl-wissen.net/definition/explorative-forschung)

contentmarketinginstitute.com, „What is content marketing?", Abrufdatum: 22.06.2016
(http://contentmarketinginstitute.com/what-is-content-marketing/)

deutschlandfunk.de, „Wege aus der Zeitungskrise", Abrufdatum: 13.06.2016
(http://www.deutschlandfunk.de/digitalisierung-wege-aus-der-
zeitungskrise.724.de.html?dram:article_id=301418)

digibuzz.de, „Digitaler Werbemarkt wächst in Deutschland weiter", Abrufdatum: 11.06.2016
(http://digibuzz.de/display-werbung-digitaler-werbemarkt-waechst-deutschland-weiter/)

digiday.com, „How publishers define native", Abrufdatum: 20.06.2016
(http://digiday.com/publishers/how-publishers-define-native/)

die-medienanstalten.de, „Staatsvertrag für Rundfunk und Medien",
Abrufdatum: 20.07.2016
(http://www.diemedienanstalten.de/fileadmin/Download/Rechtsgrundlagen/Gesetze_
aktuell/15_RStV_01-01-2013.pdf)

docplayer.org, „Advertorial Studie: Wirkung von Advertorials", Abrufdatum: 14.06.2016
(http://docplayer.org/8545380-Advertorial-studie-wirkung-von-advertorials-in-
zusammenarbeit-mit-der-lbs.html)

elba.com, „Hubschneider, Martin / Kölmel, Bernhard (2002): Nutzererwartungen an Location
Based Servcies. Ergebnisse einer empirischen Analyse", Auszug, Abrufdatum: 23.07.2016
(http://www.elba.com/YellowMap%20AG_Nutzererwartungen%20an%20Location%20Based%
20Services.pdf)

entwickler.de, „Personalisierte mobile Werbung ist wichtiger denn je",
Abrufdatum: 19.07.2016
(https://entwickler.de/online/e-business/personalisierte-mobile-werbung-ist-wichtiger-denn-
je-44990.html)

epub.sub.uni-hamburg.de, „Diskussionspapier Nr. 8", S. 4, Abrufdatum: 03.08.2016
(http://epub.sub.unihamburg.de/epub/volltexte/2010/5594/pdf/WHL_Diskussionspapier_
Nr_08.pdf)

gesetze-im-internet.de, „Telemediengesetz", Abrufdatum: 20.07.2016
(https://www.gesetze-im-internet.de/tmg/BJNR017910007.html)

gruenderszene.de, „Pull Marketing", Abrufdatum: 22.06.2016
(http://www.gruenderszene.de/lexikon/begriffe/pull-marketing)

gruenderszene.de, „User Generated Content", Abrufdatum: 15.06.2016
(http://www.gruenderszene.de/lexikon/begriffe/user-generated-content)

guj.de, „Neue Studie von GJ Media Sales EMS zeigt Do's und Don'ts beim Native Advertising
und beleuchtet das Wirkungspotenzial des Werbeformats", Abrufdatum: 21.07.2016
(http://www.guj.de/presse/pressemitteilungen/neue-studie-von-g-j-media-sales-ems-zeigt-
dos-and-don-ts-beim-native-advertising-und-beleuchtet-das-wirkpotenzial-dieses-
werbeformats/)

gujmedia.de, „Integrationen", Abrufdatum: 27.06.2016
(http://www.gujmedia.de/online/integrationen/)

gujmedia.de, „Sponsored Content", Abrufdatum: 28.06.2016
(http://www.gujmedia.de/online/integrationen/sponsored-content/)

gujmedia.de, „Unsere neuen Sponsored Content Formate – Native Advertising Lösungen für
Ihre Zielsetzungen", S. 2 ff., Abrufdatum: 02.08.2016
(http://www.gujmedia.de/fileadmin/redaktion/Service/Deutsch/Newsletter/gujmedia/sept_2
015/Sponsored-Content.pdf)

gujmedia.de, „Do's and Don't beim Native Advertising", Abrufdatum: 04.07.2016
(http://www.gujmedia.de/fileadmin/redaktion/Online/Native/Dos_and_Donts_Native_
Advertising_FINAL_PDF.pdf)

gujmedia.de, „Display Ad Specials, Native Advertising – Wirkungsstudie",
Abrufdatum: 04.07.2016
(http://www.gujmedia.de/fileadmin/redaktion/Media_Research/Deutsch/Wirkungsstudie.pdf)

horizont.net, „HuffPo-Chefs Matthes und Jobatey: Liegen deutlich über dem Plan",
Abrufdatum: 29.06.2016
(http://www.horizont.net/medien/nachrichten/HuffPo-Chef-Matthes-und-Jobatey-im-
Interview-Liegen-deutlich-ueber-den-Planungen—130827)

hubert-burda-media.de, „Geschäftsfelder", Abrufdatum: 28.06.2016
http://www.hubert-burda-media.de/geschaeftsfelder/digitalmarken-national/burdaforward/

iqm.de, „Keyfacts", Abrufdatum: 30.06.2016
(http://www.iqm.de/digital/marken/zeit-online/)

iqm.de, „Verkaufsunterlagen ig Content Plattform", S. 2, Abrufdatum: 30.06.2016
(http://www.iqm.de/fileadmin/user_upload/Medien/Online/Angebote/Verkaufsunterlagen_z
u_Content_Marketing.pdf)

lousypennies.de, „Sponsored Post Alternativen, Abrufdatum: 03.07.2016
(http://www.lousypennies.de/2015/11/26/sponsored-post-alternativen/)

mediaimpact.de, „Native-Native-Advertising-Solutions-von-Media-Impact",
Abrufdatum: 26.06.2016
(http://www.mediaimpact.de/artikel/Native-Native-Advertising-Solutions-von-Media-
Impact_24043418.html)

meedia.de, „Debatte um Sponsored Post: Bento startet Native Advertising", Abrufdatum:
30.06.2016
(http://meedia.de/2015/11/06/debatte-um-sponsored-post-bento-startet-native-advertising/)

meedia.de, „Paid Content weltweit: Fast keiner will für Online-News zahlen",
Abrufdatum: 15.06.2016
(http://meedia.de/2015/06/16/paid-content-weltweit-fast-keiner-will-fuer-online-news-
zahlen/)

meedia.de, „Peinliche Einjahresbilanz des deutschen BuzzFeed: Traffic-Zwerg ohne Buzz"
Abrufdatum: 02.07.2016

http://meedia.de/2015/09/24/peinliche-einjahres-bilanz-des-deutschen-buzzfeed-traffic-zwerg-ohne-buzz-im-social-web/

meedia.de, „Welche digitale Themen Verleger jetzt auf dem Schirm haben müssen", Abrufdatum: 29.06.2016 (http://meedia.de/2014/03/24/welche-digitalen-themen-verleger-jetzt-auf-dem-schirm-haben-muessen/)

meedia.de, „Wir glauben fest an eine neue Ära für Content Portale", Abrufdatum: 28.06.2016 http://meedia.de/2014/08/11/wir-glauben-fest-an-eine-neue-aera-fuer-innovative-content-portale/

newsroom.com, „Content Marketing Manager m/w", Abrufdatum: 11.06.2016 (https://www.newsroom.de/fileadmin/user_upload/jobs/20160418_FS_SPIEGEL_Content_Marketing_Manager.pdf)

nielsen.com, „The mobile consumer", Abrufdatum: 19.07.2016 (http://www.nielsen.com/content/dam/corporate/uk/en/documents/Mobile-Consumer-Report-2013.pdf)

noz.de, „Wie Spiegel Online und Co dem Vorbild BuzzFeed nacheifern", Abrufdatum: 02.07.2016 (http://www.noz.de/deutschland-welt/medien/artikel/630485/wie-spiegel-online-amp-co-dem-vorbild-buzzfeed-nacheifern#gallery&0&0&630485)

onlinemarketingrockstars.de, „BuzzFeed immer verrückter: Reichweitenrekorde und eine Viertelmillion nur für Mitarbeitergeschenke", Abrufdatum: 11.06.2016 (www.onlinemarketingrockstars.de/buzzfeed-immer-verrueckter-reichweitenrekorde-und-eine-viertel-million-fuer-mitarbeitergeschenke/)

onpage.org, „Content Strategie", Abrufdatum: 22.06.2016 (https://de.onpage.org/wiki/Content_Strategie)

onpulson.de, „Skalierbarkeit", Abrufdatum: 22.07.2016 (http://www.onpulson.de/lexikon/skalierbarkeit/)

politico.com, „Buzzfeed passes 100M in Revenue for 2014", Abrufdatum: 02.07.2016 (http://www.politico.com/media/story/2014/11/buzzfeed-passes-100-m-in-revenue-for-2014-003140)

presserat.de, „Trennung von Werbung und Redaktion", Abrufdatum: 20.07.2016 (http://www.presserat.de/pressekodex/pressekodex/#panelziffer_7_trennung_von_werbung_und_redaktion)

presserat.de, „Praxis-Leitfaden Ziffer 7 Pressekodex", Abrufdatum: 14.06.2016 (https://www.presserat.de/fileadmin/user_upload/Downloads_Dateien/Leitfaden_Ziffer_7.pdf)

presserecht.de, „Landespresserecht Schleswig-Holstein", Abrufdatum: 20.07.2016 (http://www.presserecht.de/index.php?option=com_content&task=view&id=35&Itemid=1)

sharethrough.com, „The Official Definition", Abrufdatum: 17.06.2016 (http://www.sharethrough.com/nativeadvertising/)

suedeutsche.de, „Ihre Marke – in Szene gesetzt auf Sz.de", Abrufdatum: 30.06.2016
(http://sz-media.sueddeutsche.de/de/online/subchannel-sdde.html)

sueddeutsche.de, „Jugendportal bento: Mal verrückt sein", Abrufdatum: 30.06.2016
(http://www.sueddeutsche.de/medien/jugendportal-bento-mal-verrueckt-sein-1.2671770)

sueddeutsche.de, „BuzzFeed Deutschland: teilen und herrschen", Abrufdatum: 02.07.2016
(http://www.sueddeutsche.de/medien/buzzfeed-deutschland-teilen-und-herrschen-
1.2181950-2)

spiegel.de, „Seelen-Verkäufer", Abrufdatum: 21.05.2016
(http://www.spiegel.de/spiegel/print/d-126589974.html)

spiegel-qc.de, „Advertorials im UniSPIEGEL", Abrufdatum: 12.06.2016
(http://www.spiegel-
qc.de/uploads/MediaSolution/Advertorials/UniSP_Advertorials_2016.pdf)

takeoffpr.com, „Was ist Content Marketing überhaupt", Abrufdatum: 22.06.2016
(https://www.takeoffpr.com/blog/was-ist-content-marketing)

t3n.de, „Native Advertising: Das Allheilmittel des digitalen Publishings?",
Abrufdatum: 22.07.2016
(http://t3n.de/news/native-advertising-allheilmittel-566726/)

uni-flensburg.de, „Größenvorteile von Medienunternehmen: Eine kritische Würdigung der
Anzeigen-Auflagen-Spirale", Abrufdatum: 30.12.2015
(https://www.uniflensburg.de/fileadmin/content/abteilungen/marketing/dokumente/pdfs/
anzeigen-auflagen-spirale.pdf)

united-internet-media.de, „Digital Dialog 2015 Insights 2015", Abrufdatum: 05.07.2015
(http://www.united-internet-media.de/fileadmin/uim/media/home/produkte-und-
loesungen/DIALOG/UID_Import/UID/Aktuelles/DDI_20150701.pdf)

unwortdesjahres.net, „Unwort des Jahres 2014: Lügenpresse", Abrufdatum: 21.05.2016
(www.unwortdesjahres.net/fileadmin/unwort/download/pressemitteilung_unwort2014.pdf)

welt.de, „Huffington Post wählt Burda-Tochter als Partner", Abrufdatum: 29.06.2016
(http://www.welt.de/wirtschaft/webwelt/article115704222/Huffington-Post-waehlt-Burda-
Tochter-als-Partner.html)

werbewoche.ch, „Watson zieht nach zwei Jahren positive Bilanz", Abrufdatum: 11.06.2016
(http://www.werbewoche.ch/watson-zieht-nach-zwei-jahren-positive-bilanz)

wirtschaftslexikon.gabler.de, „Advertorial", Abrufdatum: 14.6.2016
(http://wirtschaftslexikon.gabler.de/Definition/advertorial.html)

wirtschaftslexikon.gabler.de, „Produkt/Markt-Matrix", Abrufdatum: 04.07.2016
(http://wirtschaftslexikon.gabler.de/Archiv/127640/produkt-markt-matrix-v4.html)

wirtschaftslexikon.gabler.de, „Werbewirkungsforschung", Abrufdatum: 04.07.2016
(http://wirtschaftslexikon.gabler.de/Definition/werbewirkungsforschung.html)

wuv.de, „Brand-Story: Media Impact startet neue Native Advertising Initiative",
Abrufdatum: 28.06.2016

(http://www.wuv.de/medien/brand_story_media_impact_startet_neue_native_advertising_in
itiative)

yahoo.enpress.de, Studie: Native Advertising wird bis 2020 dominierende Werbeform",
Abrufdatum: 12.07.2016
(http://yahoo.enpress.de/Pressemeldungen/Studie-Native-Advertising-wird-bis-2020-
dominierende-digitale-Werbeform/3900)

zaw.de, „Assoziierte Mitglieder des ZAW", Abrufdatum 20.06.2016
(http://www.zaw.de/zaw/zaw/assoziierte-mitglieder/)

zaw.de, Netto-Umsatzentwicklung der Werbeträger 2015, Abrufdatum: 15.06.2016
(http://www.zaw.de/zaw/branchendaten/nettoumsatzentwicklung-der-werbetraeger/)

zaw.de, „ZAW Reader Native Advertising", Abrufdatum: 20.06.2016, S. 4 ff.
(http://www.zaw.de/zaw/zaw/publikationen/pdf/Native-Advertising-LF-3.pdf)